"十二五"职业教育国家规划立项教材
新编全国旅游中等职业教育系列教材

形体与礼仪

XINGTI YU LIYI

金春球◎主　编
金辉　吴昕　苏莉莉◎副主编

北京·旅游教育出版社

责任编辑：果凤双

图书在版编目（CIP）数据

形体与礼仪 / 金春球主编. -- 北京：旅游教育出版社，2017.5（2025.8重印）
新编全国旅游中等职业教育系列教材
ISBN 978-7-5637-3563-1

Ⅰ. ①形⋯ Ⅱ. ①金⋯ Ⅲ. ①形体—训练—中等专业学校—教材②礼仪—中等专业学校—教材 Ⅳ. ①G831.3②K891.26

中国版本图书馆CIP数据核字(2017)第100563号

新编全国旅游中等职业教育系列教材

形体与礼仪

金春球　主　编

出版单位	旅游教育出版社
地　　址	北京市朝阳区定福庄南里1号
邮　　编	100024
发行电话	（010）65778403　65728372　65767462（传真）
本社网址	www.tepcb.com
E - mail	tepfx@163.com
排版单位	北京旅教文化传播有限公司
印刷单位	唐山玺诚印务有限公司
经销单位	新华书店
开　　本	710毫米×1000毫米　1/16
印　　张	13.125
字　　数	206千字
版　　次	2017年5月第1版
印　　次	2025年8月第4次印刷
定　　价	33.00元

（图书如有装订差错请与发行部联系）

出版说明

结合《现代职业教育体系建设规划(2014—2020年)》的指导意见和《教育部关于"十二五"职业教育教材建设的若干意见》的要求,我社组织旅游职业院校专家和老师编写了"新编全国旅游中等职业教育系列教材"。这是一套体现最新精神的、具有普遍适用性的中职旅游专业规划教材。

该系列教材具有如下特点:

(1)编写宗旨上:构建了以项目为导向、以工作任务为载体、以职业生涯发展路线为整体脉络的课程体系,重点培养学生的职业能力,使学生获得继续学习的能力,能够考取相关技术等级证书或职业资格证书,为旅游业的繁荣和发展输送学以致用、爱岗敬业、脚踏实地的高素质从业者。

(2)体例安排上:严格按教育部公布的《中等职教学校专业教学标准(试行)》中相关专业教学要求,结合中等职业教育规范以及中职学生的认知能力设计体例与结构框架,组织具有丰富教学经验和实际工作经验的专家,按项目教学、任务教学、案例教学等方式设计框架、编写教材。

(3)内容组织上:根据各门课程的特点和需要,除了有正文的系统讲解,还设有案例分析、知识拓展、课后练习等延伸内容,便于学生开阔视野,提升实践能力。

旅游教育出版社一直以"服务旅游业,推动旅游教育事业的发展"为宗旨,与全国旅游教育专家共同开发了各层次旅游及相关专业教材,得到广大旅游院校师生的好评。在将这套精心打造的教材奉献给广大读者之际,深切地希望广大教师学生能一如既往地支持我们,及时反馈宝贵意见和建议。

旅游教育出版社

前　言

21世纪的中国已实现了从旅游资源大国向世界旅游大国的历史性跨越，旅游业在国民经济和国际多边交流交往中占据着举足轻重的地位。中国从世界旅游大国向世界旅游强国的转化过程中，培养一批专业化、国际化的高素质人才是促进这一转化成功的重要条件。

2015年教育部在《关于深化职业教育教学改革全面提高人才培养质量的若干意见》中提出，职业教育应该以立德树人为根本，以服务发展为宗旨，以促进就业为导向，坚持走内涵式发展道路，适应经济发展新常态和技术技能人才成长成才的需要。

在这样的前提和背景下，教育部新一轮的"十二五"规划教材建设提出了更高的目标，《形体与礼仪》被优先列为重点建设教材，并根据教育部中等职业学校专业教学标准，将形体与礼仪列为旅游服务与管理专业核心课程。

现代社会多元化发展和市场对人才的复合型需求，形体素质与礼仪修养成为服务型产业对人才要求的重要指标，尤其是旅游服务、空乘服务、电子商务等服务管理的职业和岗位。形体与礼仪是旅游服务专业学生必修的一门实践性和应用性很强的课程。通过本课程的学习，一方面改善形体、训练仪态、培养气质、树立正确的审美观和艺术修养；另一方面规范服务行为，优化服务态度，保持豁达宽容、自尊尊人的职业心理，培养良好的职业素养，从而获得未来从事旅游服务与管理工作的身心素质以适应社会经济和产业发展的需要。

编者以大量的一线教学实践为基础，结合对毕业学生的跟踪和反馈收集、用人单位调研、听取高校对于学生培养的更高层级目标等，把教材的内容分为形体与礼仪两个模块。形体部分整理了芭蕾形体基训组合、古典舞身韵及舞姿训练、健美操训练及组合、瑜伽形体练习及组合等。科学、全面、综合地对形体训练进行了诠释，每项任务的内容都是编者多年教学实践的精华。礼仪部分包括礼仪经典、礼仪道德修养、职业形象设计、职业通用礼仪和岗位礼仪，以及拓展的涉外礼仪等。内容设计以立德育人、服务学生发展、促进就业为目标。

编者针对素质教育、专业核心、职业规划等课程类型精心编写本教材，其不仅可以作为旅游服务与管理专业学生的专业教学用书，同时适合用作其他任何中职和高职学校的礼仪教材，也可作为社会培训参考用书或礼仪修养自学用书。与已经出版的其他同类教材相比，本教材具有如下特点：

1. 博雅平正，内涵丰富

教材以识得自然、习得审美、培植崇文尚德的品性为基调，构建以能力为本位、以职业实践为主线、以项目为主体的内容体系。充分考虑了选题的价值性和相对完整性、内容的专题性和体系化，让学生想去学、容易学、学得懂、学得有价值。形体部分的芭蕾、古典舞、瑜伽等自成体系，学科内涵丰富，学有本源，平正博雅；中国礼仪文化博大精深，承载了中国的辉煌历史，是联结国际大家庭的纽带。教材中将思想道德、人文素养、技术技能、职业精神高度融合，深层挖掘文化内涵、彰显课程特质。每一项目内容都与人的发展、专业知识、职业素养息息相关，行云流水，如瑜伽的呼吸一般自然流畅。

2. 聚焦专业，融合职业

以深度挖掘形体与礼仪教材资源的内容、形式和内涵为主旨，编写团队认真研究旅游服务专业人才培养方案，科学架构，精心整合，注重专业特色，融合职业岗位要求。形体舞蹈、健美操、瑜伽形体练习部分都是来自一线教学实践，经过多年精心归纳、整理、规范、总结。借助图片对每一个动作进行详细的讲解和演示，令教师与学生能够更直观地理解、学习和掌握动作规范及衔接组合，图文并茂、组合案例，"教""学"智慧浑然一体。服务礼仪内容部分立足一个专业，面向整个行业，其中涵盖旅游专业一线教学实践推广多年的考核评价指标和部分已经被列入旅游专业高考专业技能模块的内容。专业礼仪匹配职业岗位需要，真正做到教材内容与专业素质、岗位内容、职业发展相衔接。增加教材内容的深度、厚度、宽度，拉近教、学、做、用的距离，简单中寻求合理，务实中彰显突破。

3. 专岗适应，多岗迁移

《形体与礼仪》以发展性为逻辑主线，汲取行业信息，准确定位专业人才培养规格。它是以活动为主体，典型的"做中学"教材。教材通过实用的教学内容，创新的活动方式，达到知行合一。在富有参与性的课堂活动中，完成专岗适应性学习。教材中包含大量基于校企联动、专行融合的知识内容，使派生出学科衍生领域成为可能，并实现多岗迁移，服务学生的终身发展和自我价值的实现。

本教材由金春球担任主编，金辉、吴昕、苏莉莉担任副主编，具体编写分工如下：项目一、项目二由吴昕老师编写；项目三由苏莉莉老师编写；项目五、项目六、项目七由金春球老师编写；项目四、项目八由金辉和金春球老师共同编写。同时，杭州市旅游职业学校和广东省旅游职业技术学校的部分学生担任了本教材示范动作的模特，他们是：杭州市旅游职业学校的王意清、董沈燕、杨一丹、潘恺祺、王彦欢、金安然和广东省旅游职业技术学校的柳丽文、吕梓欣。感谢杭州市旅游职业学校的汤灿峰、于力鹏老师参与教材照片拍摄和图表设计工作。在此还要特别致谢杭州雷迪森铂丽大饭店提供拍摄场所。同时，在编写过程中，参阅了大量专家学者的相关著作和文献，在此一并向作者表示感谢。

由于编者水平和时间有限，错漏之处在所难免，欢迎广大读者批评指正。

编　者

2016 年 12 月

目　录

项目一　形体训练概述 ··· 1
  任务一　感知形体美 ··· 1
  任务二　认识形体与礼仪 ··· 5

项目二　形体与舞蹈 ··· 9
  任务一　舞蹈训练的基本知识与地面辅助训练 ······························ 9
  任务二　芭蕾把杆训练 ··· 20
  任务三　古典舞身韵及舞姿训练 ·· 28

项目三　形体与健美操 ·· 38
  任务一　健美操概述 ·· 38
  任务二　健美操基本动作训练 ··· 43
  任务三　健美操组合训练 ·· 57

项目四　形体与瑜伽 ··· 68
  任务一　瑜伽概述 ··· 68
  任务二　瑜伽的基本构成 ·· 74
  任务三　瑜伽形体练习 ··· 85

项目五　旅游服务人员礼仪素养 ··· 97
  任务一　礼仪概述 ··· 97
  任务二　礼仪与修养 ··· 108

项目六　职业形象塑造 ··· 116
  任务一　职业形象概述 ·· 116

任务二　仪容仪表礼仪 …………………………………………… 121
　　任务三　仪态礼仪 ………………………………………………… 134

项目七　旅游服务礼仪规范 …………………………………………… 151
　　任务一　旅游服务通用礼仪 ……………………………………… 151
　　任务二　旅游服务岗位礼仪 ……………………………………… 166

项目八　涉外礼仪 ………………………………………………………… 177
　　任务一　涉外礼仪概述 …………………………………………… 177
　　任务二　国际接待活动礼仪规范 ………………………………… 185

主要参考文献 …………………………………………………………… 199

项目一 形体训练概述

项目概览

随着现代服务业的发展,人们对服务质量的要求越来越高。在旅游业中,从业人员的形体和礼仪,直接影响到服务水平的高低。本项目围绕形体美、形体与礼仪等方面进行讲解,让学生了解什么是形体美,了解形体训练的内容,使学生对形体与礼仪有基本的认知。

学习目标

(1)认识形体美的内涵及形体美的评价标准。
(2)了解形体训练的目的、内容及要求,理解形体与礼仪之间的关系。
(3)了解掌握形体规范,树立良好的旅游服务职业形象。

任务一 感知形体美

任务描述

本任务要求学生懂得形体美的概念与内涵,掌握形体美的评价标准,认识形体美对旅游从业人员的重要性,并能够对自己的形体进行恰当的评价,为进行有针对性的形体训练做好铺垫。

相关知识

美是人类永恒的追求。在社会政治稳定、市场经济繁荣的今天,人们处在乐观积极的状态中,自身对美的追求比以往任何时候都更强烈。人们已经不仅仅满足于身体健康,还要千方百计追求形体、形象的美,这是社会发展的一种潮流风尚。

一、形体美的含义

形体可理解为身体的"形态"与"体态"之合称。

形体美则是在社会评价体系的基础上，对一个人的体形、体态、仪态、气质等方面做出的综合评价。它是人的躯体线条结合人的情感品质，通过形象、姿态表现出的美感；是一个人外与内、身与心的综合反映，不仅从人体结构和外观上体现出舒展对称的美感，同时蕴含着有关这个人健康状况、学识修养和审美情趣的信息。

形体是一个人的门面，是给他人的第一印象。形体美能给人以自信，使人在心理上处于优势。个人形体的优美，在市场经济中可以作为一种竞争优势，成为用人单位选拔人才的一个准入条件，因此，我们要十分重视形体美。

二、形体美的评价标准

在人类的历史发展过程中，美的标准是不断变化的，对形体美的评价在一定程度上也受时代、民族和阶级审美观念的影响而呈现出不同的见解和尺度。如今，随着我国社会经济的发展，人们逐渐形成了以健康、自然为美的审美观。人们一方面追求自然形态的和谐美，另一方面更崇尚经过运动锻炼、学识积累所显现的具有时代意义的健、雅、美。

形体美主要体现在身体健康、体型健美、姿态优美和行为之美等方面。

（一）身体健康

身体健康是形体美的基础。人之所以美，首先是因为人体符合美的规律，健康是人体美最本质的规律。人体各器官发育良好、功能正常、体格健壮、精力充沛就是健康。当人体处于健康状态时，身体才可能充满生命活力，富有朝气和魅力，也只有健康，人体才符合美的形态。

（二）体型健美

体型健美的基本要素是均衡、对称、对比、曲线。

1. 均衡

均衡是指身体各部分的发育要符合一定的比例。比如：头与整个身高，上、下肢与身高，躯干与身高的比例等。这些比例关系必须符合正常发育规律的特点。均衡也是指身体的协调。一个协调的体型是：竖看直立、横看开阔。这种协调不仅包括人体各部分长度、围度和体积的协调，也包括色彩、光泽、姿态、动作和神韵的协调。

2. 对称

对称是指左右对称，从正面或背面看身体左右两侧应平衡发展。在正常站立和就座时，人体的对称轴要和地面垂直。控制人体对称轴的主要部位是脊柱，脊柱的偏斜和扭曲必然破坏人体的对称。除此之外，面部器官和四肢也要对称。身体的不对称容易影响人的内脏器官正常发育，对青少年来讲更是如此。

3. 对比

在人们的审美观点中，常遇到两种不同的事物并列在一起，由于它们之间的差异和衬补，使事物显得更加完美，这就是对比之美。人的体型也应符合对比美的规律。比如，男子的阳刚之美与女子的阴柔之美、稳定的躯干与灵活的四肢、上肢的细线条与下肢的粗线条，都应该形成鲜明的对比，符合对比美的规律。

4. 曲线

人体曲线美应是流畅、鲜明、简洁的，曲线线条起伏对比应生动而有节奏、恰到好处。如：胸要挺、腹要收、背要拔、腰要立、肩要宽、臀要圆满适度、大腿修长、小腿腓部稍突出等。男女身体的曲线美要有所不同，女子的曲线应是纤细连贯的，显出柔润之美；男子的曲线应是粗犷刚劲的，显出力量之美。

（三）姿态优美

姿态优美是形体美重要的组成部分之一，姿态美包括人体姿态所表现出来的静态和动态的美感。人体通过空间活动的变化来形成自己的姿势和动作。身体姿态的舒展，即体现在日常生活中的举手投足以及坐、站、走、跑、跳等各种基本活动中的规范与协调，直观上给人以美的感受。

人们常说的"站如松、坐如钟、行如风、卧如弓"，便是对人的形体美的动态审美要求。稳健优雅端正的姿势、敏捷准确协调的动作，不仅本身就是一种美的造型，而且可以弥补体型的某些缺陷。

（四）行为之美

行为美与姿态美既有联系，又有区别。行为美包括了一个人举止风度的美，更侧重于与道德意义上的"善"相联系。评价一个人的行为美不美，主要看他是否符合社会道德规范，符合者美，不符合者不美。行为是心灵的外在形式，反映着心灵的内容，美的行为表现了美的心灵。当人的行为充分显示出"善"时，人们就从这个行为上看到了美。

特别提示

在对形体美有一定的了解之后，学生们可以两人一组，根据形体美的评价标准，从身体健康、体型健美、姿态优美、行为之美四个方面进行自我评价，将评价结果记录下来，找到自己最需要改善的地方，这样可以更有针对性地进行形体和礼仪的训练。

视野拓展

中国古代历史上形体美的评价标准

纵观历史，形体美的评价标准多种多样。

我国西周时代，对女性的审美观仍然受母系社会的影响。在母系社会里，女性要从事采集、狩猎、耕作等高强度的体力活动，故以其身材高大、结实、有力为美。

公元前6世纪楚灵王偏好细腰，因此，宫中的嫔妃、侍女便惨遭忍饥和勒腹的厄运。《后汉书》中有"楚王好细腰，宫中多饿死"的生动描述。

盛唐时代，经济繁荣、人民生活富足，对女性形体的审美则以丰腴、圆润为美，典型的代表是唐代佳人杨玉环，她以"环肥"著称于世。

南唐后主李煜下令宫中的侍女缠足舞于金莲，从此，畸形的小脚被赋予"三寸金莲"的美称盛行于天下。

明清时代，经济相对萧条，社会风气淫靡，女性成为男性的附属、陪衬，对女性的审美则以柔弱为美，典型的代表是《红楼梦》中的林黛玉，她以"病态美"流芳于世。

任务评价表

序号	任务内容	任务要求	自我评价	备注
1	掌握形体美的含义	懂得什么是形体美		
2	了解形体美的评价标准	对照标准对自身进行评价		

任务二　认识形体与礼仪

任务描述

本任务要求学生掌握形体训练的概念、目的、内容以及要求；了解形体与礼仪的关系；能根据自己的情况制订适合自己的形体训练计划。

相关知识

一、形体训练的概念

形体训练是以人体科学理论为基础，通过徒手或利用各种器械，运用专门的动作方式和方法，有计划、有步骤地进行科学训练，以改变人形体的原始状态，提高人体的形态控制能力和表现能力为目的的形体素质练习。

当人们赞叹那些舞蹈演员、体育运动员匀称健美的体型和端庄优雅的身姿及气质时，一些相关的专业人士基于自身的训练经历和感悟，将专业性较强的艺术体操、瑜伽、舞蹈、健美运动等内容和方法，经过变通、改造和简化，付诸形体教育实践，来塑造普通人群的体型和身体姿态，使得形体训练具有内容丰富多样、动作简单规范、全面锻炼身体各部位、音乐的贯穿性等特点，以满足人们对形体美的追求和对生活的热爱。

二、形体训练的目的

（一）塑造优美的形体

青春期是身体发育的重要时期，也是塑造优美形体的最佳时期。这一时期，身体的可塑性很大，通过合理的设计，科学而有序的锻炼，可以改变体型不足之处，调整姿态，从而达到塑造优美形体的目的。

（二）打造高雅气质

气质是人的个性特征之一。经过系统的形体训练，不仅能够培养人体的优雅姿态，还能够培养其内涵修养，表现为举止得体、仪态落落大方、气质和风度高雅。

（三）树立正确的审美观

审美是人的精神需要，审美意识是人主观对客观存在的美丑属性的反映。生活中的美无处不在，发现、感受、评价和欣赏美是每个人应具备的能力。在本课程的学习过程中，能够不断加强学生审美意识的锻炼，树立正确的审美观，提高欣赏美、感受美、表现美和创造美的能力。

三、形体训练的内容与要求

（一）形体训练的内容

形体训练的内容是多种多样的，本书所涉及的内容主要包括：形体与舞蹈、形体与瑜伽、形体与健美操、服务仪态训练等。

（二）形体训练的基本要求

（1）训练前必须做好准备活动以防受伤；

（2）训练时要穿有弹性的运动服装或宽松的休闲服、舞蹈鞋或健身鞋等；

（3）训练时不能佩戴饰物，以免发生伤害事故；

（4）训练要有计划有步骤，循序渐进，持之以恒，切忌半途而废、断断续续；

（5）要保持训练场的整洁和安静；

（6）在做器械练习或者难度比较高的动作时，要在老师的指导和帮助下进行，注意训练的安全；

（7）注意适当饮水，补充水分，同时注意饮食营养的合理搭配。

四、形体与礼仪

本书分形体、礼仪两方面内容。形体与礼仪是相辅相成、不可分割的两个部分。形体训练，可以让旅游专业的学生获得一种正确的形体感觉，从而习得一种从内到外展现气质、控制体态的方法；礼仪学习、训练，可以使学生拥有高水准的、符合旅游服务职业形象要求的、适应社会交往的礼仪知识。

本课程先从找到正确的形体感觉开始，改善体态气质，对身体各个部位进行塑造、修饰、矫正，最后对形体动作和表现加以约束，即展现礼仪美。良好的形体语言能够更恰当地表达礼仪，而礼仪必须通过优美大方的形体动作展现出来，因此无论怎么训练形体、改善形体，或者修饰形体，最终都要回归礼仪。例如形体训练教学过程，改变学生原始体态，提高学生的形态控制能力和表现能力，同时也为良好的坐姿、站姿、走姿及其他服务仪态的培养打下坚定的基础，让学生由"知礼""懂礼"跨越到"用礼"阶段。

案例分析

小菲就读于一家旅游类中职学校，她各科成绩都名列前茅，是班里的"学霸",还是校学生会的得力干事。她二年级的时候参加见习面试,却意外地落选了。小菲很伤心,实习办的老师告诉她,企业给她的评价是不够自信、大方,所以没有选中她。

小菲回想了一下整个面试过程,所有该做的礼仪细节她都做到了,例如:进门前敲门、见到面试领导先鞠躬并问好、双手递物等;然而她突然又想到平时上形体课,老师经常指出她爱低头的毛病,老师还说,做任何礼仪动作的时候过分低头会显得自卑,小菲觉得自己应该是找到原因了。

小菲懂得礼仪,却没有把礼仪展现好,她应该从哪方面去改进呢?请你帮一帮小菲吧!

视野拓展

形体的可塑性

影响形体美的主要因素,有先天遗传因素,也有后天训练的因素。

人体结构非常微妙,各个部分都有其不可替代的功能。实际上拥有无可挑剔、十全十美体型的人可谓凤毛麟角,一般人的身体总是有这样那样的先天不足,而这些不足通过后天的训练是可以弥补的。

骨骼构成中,人体支架和长骨的比例是不大容易改变的,这主要是由遗传因素决定的,但有些部位的缺憾则可以通过肌肉训练来弥补,如因锁骨过短显得肩窄,通过训练与其相连的肌肉,增加相关肌肉的体积,肩的宽度会随之增加。所以说肌肉是调节体型的关键。只要运用正确的方法,人体肌肉能在不太长的时间里发生变化。只有使肌肉充分发展起来,和谐而不多余,才能使人体形匀称。

任务评价表

序号	任务内容	任务要求	自我评价	备注
1	掌握形体训练的概念	①了解什么是形体训练; ②对形体训练产生一定兴趣		
2	了解形体训练的目的	①了解形体训练的具体目的; ②根据自身情况,确立进行形体训练的目的		

续表

序号	任务内容	任务要求	自我评价	备注
3	了解形体训练的内容和要求	①了解形体训练的几项内容; ②了解形体训练的要求; ③根据形体训练的内容和要求制订出适合自己的形体训练计划		
4	认识形体与礼仪	能够正确认识形体和礼仪的关系		

形体美、形体训练、形体与礼仪

课后练习

1. 参照形体美的评价标准,进行自我评价。
2. 根据自己的实际情况,制订一份改造形体的计划书。

项目二　形体与舞蹈

项目概览

舞蹈是塑造形体的重要方式之一。系统、科学、规范化的舞蹈训练可以锻炼人的机能，对人的形体有着明显的改善作用。本项目通过舞蹈的地面辅助素质训练、芭蕾把杆训练及古典舞身韵及舞姿训练，培养旅游专业学生挺拔的身姿，为日后在服务工作中能够展现优美、得体的仪态打下扎实的基础。

学习目标

（1）了解舞蹈训练的基本知识、基本技术。

（2）掌握舞蹈的训练方法，纠正不良体态，塑造挺拔的身姿，提升身体的表现力。

（3）塑造良好的外形气质，做一名具有职业体态美感的旅游从业人员。

任务一　舞蹈训练的基本知识与地面辅助训练

任务描述

本任务要求学生了解舞蹈训练的相关知识，通过地面辅助的素质训练，完成身体局部的幅度和柔韧训练，改变弯腰驼背的自然体态，达到身体各部位的形态和舞姿规范要求，为后面的把杆训练做好准备及素质能力的铺垫。

> 相关知识

一、舞蹈训练的基本知识

（一）舞蹈训练的概念

舞蹈训练是指依据一定的科学原理，通过对训练对象进行系统的机体结构机能重建和动作技术加工，来全面发展舞蹈专业能力的教学活动。

舞蹈训练是以经过提炼、组织、美化的人体动作为主要艺术表现手段，是一种艺术化的运动。舞蹈的基础训练具有系统性、科学性。在诸如艺术体操、花样游泳等体现形体美的体育项目训练中，也广泛地运用了舞蹈的基本功训练。

（二）形体与舞蹈

形体训练的方法多种多样，实践证明，舞蹈是塑造形体的重要方式之一。

舞蹈就其教材和训练方面而言是科学的，是符合人体解剖学规律的。其科学性就表现在教材的循序渐进，以及每个动作的规格和要求，能使练习者从下到上的每个关节都得到充分合理的收缩和伸展，使练习者的形体得到匀称的发展，气质得到一定的提升。

（三）形体与舞蹈的训练内容

本项目提炼了舞蹈的地面辅助训练、芭蕾把杆训练和古典舞身韵及舞姿训练三部分来进行形体训练，以达到纠正自然体态、培养挺拔身姿、提高肢体表现力的目的。这三部分也符合由浅至深、由易至难、循序渐进的科学性和系统性原则。

1. 地面辅助训练

地面辅助训练是指在地面坐、跪、卧等双腿没有重心负担的情况下，针对身体各部位关节、韧带、幅度，进行伸展训练和肌肉素质能力训练，为进入把杆练习做好准备。

2. 芭蕾把杆训练

芭蕾把杆训练借鉴芭蕾训练的科学方法，以功能性训练为目的，以"开、绷、直、立"训练为主，解决好身体的直立和重心的稳定性，加强腿部力量、柔韧性和灵活性能力训练，为古典舞身法、韵律的学习及训练做好准备。

3. 古典舞身韵及舞姿训练

古典舞身韵及舞姿训练融合身法韵律的民族审美要求，使动作的转换与起止连接，有民族风格韵律，舞姿有艺术表现力，使功能性训练有感觉、有灵魂，进一步升华，达到训练性和风格审美的和谐统一，最终有利于学生艺术表现力的开发。

二、地面辅助训练

地面辅助训练采用地面训练的方式，是针对学生形体、体态的初步规范训练。因为身体坐在地面或者平躺在地面上，故而能够在上身有依托的情况下更好体会与锻炼各种动作的规范性，培养人体的垂直与稳定的意识。

（一）头颈部位的训练

头部有五个基本位置，即挺直、扭转、倾斜、上仰、下低，其具体做法如下：

1. 挺直

上身保持直立姿态，颈部向上拉直，同时双肩下压，下巴微向里收拢，眼睛平视前方。

2. 扭转

上身保持直立姿态不动，头向左或者向右保持水平转动，下巴微微向里收拢，保持目光平视。

3. 倾斜

上身保持直立姿态不动，头向左或者向右倾，颈部向倾斜的一方拉长，眼睛看向前方。

4. 上仰

上身保持直立姿态不动，头向上仰起，下巴向上仰起，眼睛看向斜前上方。

5. 下低

上身保持直立姿态不动，头向前向下低，下巴微向里收拢，眼睛看向斜前下方。

（二）肩部的训练

1. 双人拉肩（见图 2-1）

预备姿势：练习者跪坐在地毯上，双手相握上举；帮助者站立在练习者的背后，拉住练习者的双手。

动作方法：帮助者用一膝盖抵在练习者的后背处，双手拉其大臂，膝盖推其肩部，拉至最大限度用力控制 2 个八拍。练习时，练习者要保持正常的呼吸节奏，双臂上举时肘关节不能弯曲，同时微低头。

图 2-1　双人拉肩

2. 跪立压肩（见图2-2）

预备姿势：练习者跪立在地毯上，双手贴耳朵前举撑地。

动作方法：保持抬头挺胸，双肩慢慢用力向下压，并且保持2到4个八拍，动作时注意呼吸的节奏。

3. 反拉肩（见图2-3）

预备姿势：站立，双脚分开与肩同宽，双手体后伸直握好。

动作方法：抬双臂至最大限度。同时身体前屈，双臂继续抬起向头顶方向延伸。注意始终保持抬头挺胸，肩部展开。

图2-2 跪立压肩　　　　　　　图2-3 反拉肩

（三）腹、背肌的训练

1. 仰卧交叉腿（见图2-4）

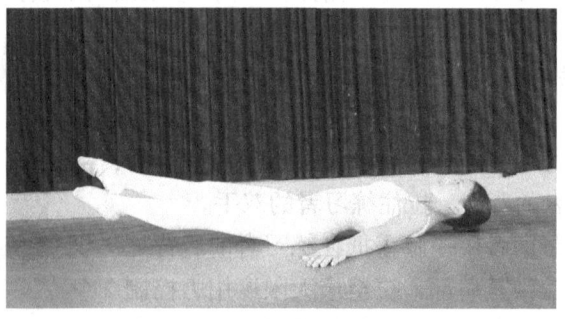

图2-4 仰卧交叉腿

预备姿势：仰卧，双腿并拢伸直绷脚尖，双手旁斜下45度扶地。

动作方法：双腿保持直膝绷脚，同时抬离地面约15度，双腿上下交替，一拍一换。动作时要注意上体保持直立姿态，用收腹的力量完成交错举腿的动作。

2. 仰卧举双腿

预备姿势：仰卧，双腿并拢伸直绷脚尖，双手旁斜下 45 度扶地。

动作方法：收腹双腿抬起至 90 度位置，然后以最慢的速度缓缓落下，落下时保持绷脚直膝。也可在同伴的助力协助下完成练习，当练习者双腿抬至 90 度时，同伴向前推其脚背，加大双腿下落的重力，而练习者为了控制双腿缓慢下落，腹肌力量得到更大发展。

3. 俯卧两头起（见图 2-5）

预备姿势：俯卧，双腿并拢伸直绷脚（或双腿分开与肩同宽），手拉长至头前，手指尖、脚趾尖向远延伸。

动作方法：双手双脚同时上抬，臀部夹紧，头与手同时抬起，目光前视，保持平衡。

4. 仰卧抬上体（见图 2-6）

图 2-5　俯卧两头起

图 2-6　仰卧抬上体

预备姿势：练习者俯卧，双手扶头后部；帮助者跪坐，固定住练习者脚踝。

动作方法：练习者背肌用力抬起上体，然后有控制地还原。注意展胸展肩，肘关节尽量向后打开。

（四）胸、腰的训练

1. 俯卧吊胸腰（见图 2-7）

预备姿势：练习者俯卧在地毯上，双手拉长至头前，帮助者立于练习者膝关节两侧。

动作方法：帮助者拉住练习者的双臂，使其上体离开地面撑最大反背弓。动作时，练习者应挺胸抬头，主动后弯腰，同时尽量使髋部不离开地面。

图 2-7　俯卧吊胸腰

2. 仰卧挑胸腰（见图2-8）

预备姿势：仰卧，双手平放于体侧。

动作方法：由胸椎发力，胸腰、颈椎、头顶逐渐从地面上挑起。动作时头顶留在最后，手尖向远延伸。

3. 俯卧后弯腰（见图2-9）

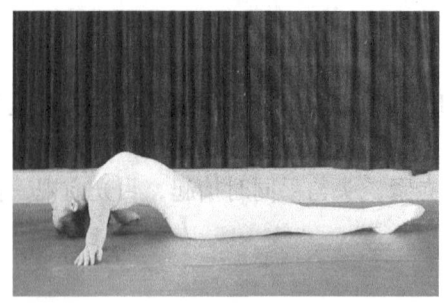
图2-8 仰卧挑胸腰

图2-9 俯卧后弯腰

预备姿势：俯卧，双手拉长至头前。

动作方法：动作时，双手屈肘支撑于腰间，由头顶带动向后仰，直至手臂伸直，双肩展开。也可配合后双吸后腿，脚尖与头顶尽量扣在一起。

（五）腿部的训练

1. 勾绷脚

预备姿势：坐姿，上体直立，双腿绷脚并拢前伸。

动作方法：勾脚时，两脚尖带动向上勾到最大限度，继续带动脚踝上勾，脚跟向最远处蹬出，膝盖收紧；绷脚时，脚背和脚踝同时发力，向远向下推，脚尖继续向前绷，向远延伸到极限。可结合脚腕的环动练习。

2. 吸伸腿（见图2-10）

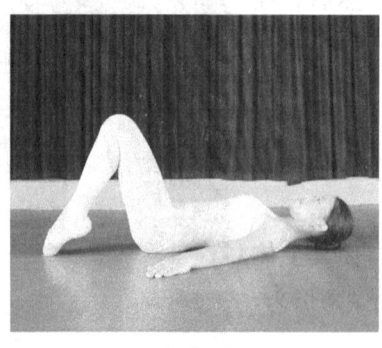
（1）

（2）

图2-10 吸伸腿

预备姿势：仰卧，双手平放于体侧，双膝盖并拢夹紧。

动作方法：吸腿时保持绷脚，吸到最大限度，在过程中脚跟并拢、膝盖收紧，脚尖保持点地；伸腿时，脚尖带着向天花板延伸，绷膝盖脚尖。

3. 髋关节训练

预备姿势：仰卧，双手平放于体侧，双膝并拢夹紧。

动作方法：先做吸伸腿动作，然后主力腿保持延长贴地的基础上，动力腿从髋关节开始向外打开，成旁腿90度；由脚尖带动向主力腿方向收腿。也可做双腿动作。

4. 坐姿压腿（见图2-11）

（1）　　　　　　　（2）　　　　　　　（3）

图2-11　坐姿压腿

预备姿势：一腿小腿折叠，一腿向远伸出，绷脚、直膝、开胯，上体正直，双手轻轻扶地。

动作方法：压前腿时，上体前俯，双手前伸抱脚，脊柱最大限度延伸；旁压腿时，腰肌一侧最大限度收缩，一侧最大限度伸展同时手尽量抓脚；后压腿时，由头顶开始向后最大限度弯腰，双手保持扶地，双肩主动后展。

（六）组合训练

1. 上肢训练组合

预备姿势：盘腿坐姿，上身以尾椎为基点，至头顶成垂直线延伸，双肩下沉，双手放于体侧指尖轻轻触地。

组合动作：

（1）1-4：低头

　　　5-8：还原

（2）1-4：仰头

　　　5-8：还原

（3）1-4：向左倾头

　　　　5-8：还原
（4）1-8：做（3）的反面动作
（5）1-8：颈椎发力带动头部左起顺时针环动一周
（6）1-8：做（5）的反面动作
（7）1-4：向左转头
　　　　5-8：还原
（8）1-8：做（7）的反面动作
（9）1-4：右手夹耳上举
　　　　5-8：向左旁弯腰，左手肘关节自然弯曲
（10）1-4：还原至（9）1-4动作
　　　　5-8：右手还原体侧
（11）-（12）：做（9）-（10）的反面动作
（13）1-4：双脚绷脚并拢前伸，双手抱双脚，身体前弯腰
　　　　5-8：身体还原正直，双手夹耳上举
（14）1-4：双手向旁后落下点地，身体向后挑胸腰
　　　　5-8：身体还原正直、双手体侧轻轻点地
（15）1-4：左腿吸腿，右手扶左膝，左手身体后方点地，身体向左拧腰
　　　　5-8：还原
（16）1-8：做（15）的反面动作

2. 下肢训练组合
预备姿势：仰卧，双腿绷脚并拢前伸，双手旁斜下位扶地。
组合动作：
（1）1-4：双勾脚
　　　　5-8：还原
（2）1-8：重复（1）动作
（3）1-2：双勾脚
　　　3-4：保持勾脚向外转胯
　　　5-6：保持开胯，绷脚
　　　7-8：关胯还原绷脚
（4）1-2：保持绷脚向外转胯
　　　3-4：保持开胯，勾脚
　　　5-6：保持勾脚，向内关胯
　　　7-8：绷脚还原
（5）1-4：左腿正吸腿，保持左脚尖紧贴地面

5-8：以胯为轴，左膝外开90度，水平于地面
（6）1-4：胯部发力，带动膝部还原正吸腿位置
　　　5-8：左腿前伸还原
（7）-（8）：做（5）-（6）的反面动作
（9）1-4：左腿正吸腿，保持左脚尖紧贴地面
　　　5-8：脚尖带动左腿直膝抬起90度，垂直于地面
（10）1-4：以胯部发力带动左腿向左外开，尽量水平于地面
　　　5-8：脚尖带动左腿划圈还原
（11）-（12）：做（9）-（10）的反面动作
　　　　　　抢拍滚至俯卧，双手前伸扶地，头部抬起，目视前方
（13）1-4：左腿后踢腿一次
　　　5-8：重复一次
（14）1-4：右腿后踢腿一次
　　　5-8：重复一次
（15）1-4：双手、双脚同时向上抬起
　　　5-8：还原
（16）1-8：重复（15）动作一次

 特别提示

　　旅游专业的学生一般都没有舞蹈基础，在地面辅助训练中，有些动作的幅度、强度都比较大，因此在训练中应重视运动损伤的预防工作，以免影响身体健康。我们应了解损伤产生的原因，在训练中及早加以预防，才能减少伤害事故的发生。

　　1.常见的运动损伤

　　（1）擦伤。是指在训练中，因皮肤受挫而开裂、出血或组织液渗出。如果小面积擦伤，可用红药水涂抹伤口，不必包扎。若大面积擦伤或撕裂，应及时送医院治疗。

　　（2）挫伤。即练习者相互碰撞或撞击器械所致伤。一般性挫伤，在伤处会出现红肿、皮下出血和疼痛。处理时，在24小时内先冷敷患处，待24小时后，可施行热敷、按摩。如内脏器官损伤时，会出现头晕、脸色苍白、出虚汗等症状，这时应及时送医院治疗。

　　（3）拉伤。形体训练中，常在外力直接或者间接作用下，使肌肉过度主动收缩或被动拉长造成损伤。拉伤后，伤处疼痛、局部肿胀、压痛，伤后肌肉功能减弱或丧失。处理时，一般冷敷局部，加压包扎，24小时后拆除包扎，可采用热

疗、按摩、拔罐、药物等方式治疗。

（4）肌肉痉挛。肌肉痉挛又称抽筋，是一种强直性肌肉收缩不能缓解放松的现象。通常在冬季发生，因为冬季小腿肌肉受到寒冷的刺激，肌肉不适应剧烈运动所致。因此训练中，首先注意保暖，对痉挛的肌肉用力量加以牵引，如坐在地上用力勾脚，一手扶住膝盖，另一手握住脚掌，用力向内拉长抽筋肌肉，片刻就能解除。

（5）韧带关节损伤。以肩关节、踝关节、髌骨、腰部关节的损伤最为常见，一般表现为压痛和疼痛，急性期有肿胀和皮下瘀血，关节功能发生障碍等。严重时，不可轻易触碰患处，应让患者平卧，并立即送医诊治。

2.造成损伤的一般原因

（1）训练前未进行充分的热身活动。

（2）训练后未进行充分的放松活动。

（3）训练的量过大。

（4）缺乏适当的休息。

（5）对身体的某一部位进行了过多的重复练习。

（6）技术动作缺少准确性，没有接受充分的训练指导等。

视野拓展

其他难度更大的训练方法

1.跪下腰（见图2-12）

跪立准备，双腿分开与肩同宽，双手夹耳上举。下腰时胯略往前顶，脚背自然贴于地面，下腰时按照头——胸腔——腰的步骤逐个向后弯曲，同时双手扶地，眼睛去找脚，头尽量往里卷。

2.站下腰（见图2-13）

图2-12　跪下腰

图2-13　站下腰

站立准备，两腿分开与肩同宽，两臂向上举起，挺髋、上体后仰，直至头朝下、两手掌撑地，整个身体呈拱桥状。要求四肢尽量伸直，手脚的距离尽可能地靠近。初学者可以用背对墙站立，然后手扶墙向下移动的方法来完成；也可以让别人抱住自己的腰来完成。

3. 握脚两头起（见图 2-14）

俯卧准备，双手握住踝关节，头和腿同时向上抬起，胸、大腿尽量离开地面，头部抬起向上，注意保持沉肩展肩的姿态。

4. 坐姿分腿（见图 2-15）

图 2-14　握脚两头起　　　　　　　图 2-15　坐姿分腿

分腿坐于地面准备，双手带动上体前屈，贴近地面，缓慢拉伸两腿内侧韧带。注意身体脊柱向远延伸，膝盖和脚背始终朝上。

5. 搬腿（见图 2-16）

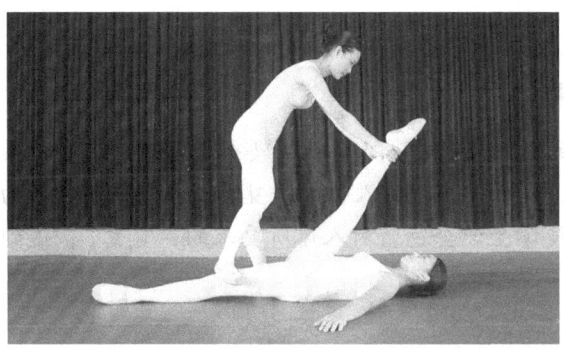

图 2-16　搬腿

仰卧准备，一腿抬起，双手尽量将抬起的腿往上抱，另一腿绷紧贴地尽量往远延伸。双人练习时，协助者一手扶住练习者的膝关节，另一手推练习者抬起的腿至最大限度。也可侧卧搬旁腿。

6.肩倒立（见图2-17）

仰卧准备，双手置于臀部下方，两腿上抬顺势向上举高，双手推起臀、腰背部，双手肘臂抵住地面。

图2-17　肩倒立

任务评价表

序号	任务内容	任务要求	等级	待改进技能	备注
1	掌握舞蹈训练相关知识	①懂得什么是舞蹈训练； ②了解形体与舞蹈的关系； ③了解形体与舞蹈的训练内容			
2	进行舞蹈地面素质训练	①训练时，头部、肩部、腹背部、胸、腰部、腿部各动作正确、规范； ②在训练中，能够具有初步的直立意识			

任务二　芭蕾把杆训练

任务描述

在芭蕾轻盈的舞蹈动作中，人体的身姿体态得到了完美的展现。本任务通过芭蕾的把杆训练，辅助学生找到人体的垂直重心，锻炼肌肉能力，提高动作的平衡性和稳定性，使学生学会芭蕾对人体所要求的"直立"，达到提升气质、塑造形体的目的。

相关知识

一、芭蕾的基本概念

（一）芭蕾的基本手形

1. 手的形态（见图 2-18）

五指自然松弛地相互靠拢，大拇指与中指的第二关节处靠近，保持手形线条的同时，应尽量伸长手指尖。

2. 手臂的形态

双臂自然弯曲，肩、上臂、肘、小臂与手构成一条没有棱角的弧线。从侧面看整个胳膊是在一个面上。肩关节松弛地向下压，手腕不可折。

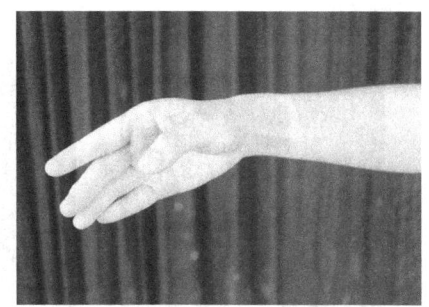

图 2-18　手的形态

（二）芭蕾的基本手位

一位：双臂放在身体前面，自然弯曲，形成所要求的手形。双手手心朝上，双手指尖之间的距离约十厘米，手与身体之间的距离约十厘米（见图 2-19）。

二位：手臂保持弧线形状，从一位的位置抬到横膈膜下端、腰上面的平行线高度。双手手心向内对着自己的身体（见图 2-20）。

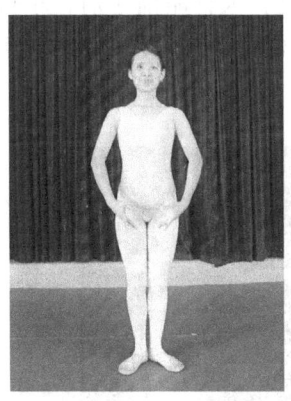
图 2-19　一位

图 2-20　二位

三位：保持手臂形状不动，从二位抬至头顶前上方，手的高度为在不抬头的情况下眼睛向上看可以看见小手指。从侧面看手臂在同一个面上，双手手心斜对自己的头顶（见图 2-21）。

四位：一只手臂保持在三位的位置上，另一只手臂放在二位的位置上（见图 2-22）。

五位：一只手臂保持在三位的位置上，另一只手臂放在七位的位置上（见图 2-23）。

图 2-21　三位　　　　　图 2-22　四位　　　　　图 2-23　五位

六位：一只手臂保持在七位的位置上，另一只手臂放在二位的位置上（见图 2-24）。

七位：同二位一样的高度，手心向前，整个胳膊呈弧线状放在身体侧前方，微微伸长。双臂在身体的侧前方的顺序依次是：大臂略前于肩，小臂略前于大臂，大臂略低于肩，小臂略低于大臂。整个手臂感觉好像有一滴水能够从肩上向下流，一直流到手指尖（见图 2-25）。

 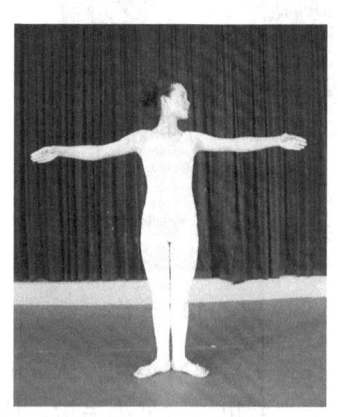

图 2-24　六位　　　　　图 2-25　七位

二、把杆训练

（一）扶把基本站姿（见图 2-26）

扶把时，双手掌心向下轻轻地放于把杆上，手指手腕自然放松，胳膊肘自然下垂，双手距离大致与肩同宽，身体与把杆保持一定的距离。

站立时，双脚跟并拢，脚尖尽量向外打开，身体重量平均放在脚的五个脚趾、脚掌、脚后跟上，推着地面向下踩；双腿膝盖有力地伸直、夹紧，肌肉向外转开、收紧并且向上拉长；臀部、腹部、腰部肌肉向里收紧、向上提起，双侧肋骨向里收拢；双肩自然打开下压，肩胛骨向下挂，脊椎向上尽力拉直、拉长；头部保持正直，下巴微收，目视前方。

图 2-26　扶把基本站姿

（二）芭蕾的基本脚位

1. 一位脚（见图 2-27）

在正步位的基础上，以脚后跟为轴，从髋关节开始，由脚趾尖带动向外旋转 90 度，双脚呈一水平线。

2. 二位脚（见图 2-28）

在一位脚的基础上，一脚向旁横移一步，两脚后跟之间的距离为一脚之长。

3. 三位脚（见图 2-29）

双脚向外打开，前脚脚后跟位于后脚脚心处，双脚互相紧贴。

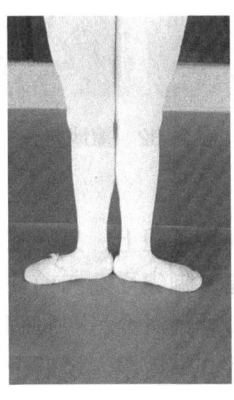 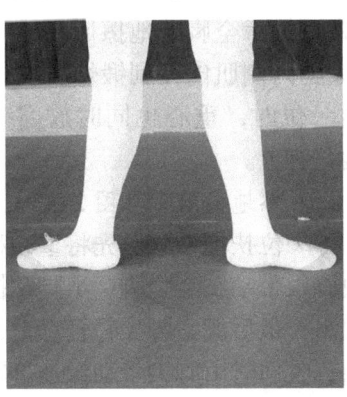 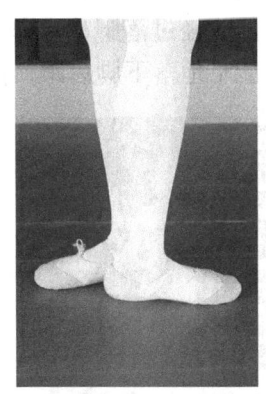

图 2-27　一位脚　　　图 2-28　二位脚　　　图 2-29　三位脚

4. 四位脚（见图2-30）

在五位脚的基础上，前脚向前迈一步，两脚间间距一竖脚。芭蕾舞四位脚的练习难度较大，一般放在最后学习。

5. 五位脚（见图2-31）

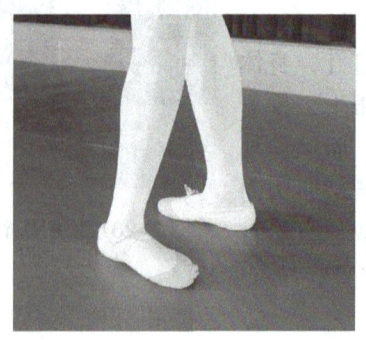

图 2-30 四位脚

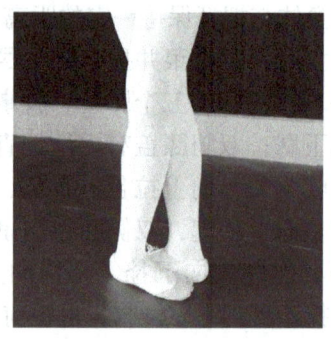

图 2-31 五位脚

前脚脚跟与后脚趾尖持平，两脚呈等号形状，完全紧贴，脚尖分别外开。

（三）擦地

1. 擦地向旁（见图2-32）

一位扶把站立。先将重心移到一条腿上，另一条腿经全脚向远擦出，先脚后跟离地，再脚掌离地，最后绷紧脚尖轻轻点地，脚尖向旁对准另一脚脚后跟；收回时经过落脚掌、脚后跟，最后全脚着地擦回。尽可能早地落下脚后跟，使大腿内侧肌肉得到锻炼。收回一位时，重心也同时放回两只脚上。

图 2-32 擦地向旁

2. 擦地向前（见图2-33）

一位扶把站立。先将重心移到一条腿上，另一条腿由脚跟带动，经全脚、半脚掌擦地，脚尖逐渐向前往远擦出，最后绷紧脚尖轻轻点地，脚后跟对准另一脚脚后跟；收回时由脚尖带动经过落脚掌、脚后跟，最后全脚着地擦回。

图 2-33 擦地向前

3. 擦地向后（见图2-34）

一位扶把站立。先将重心移到一条腿上，另一条腿由脚尖带动，经全脚、半脚掌、脚尖逐渐向后往远擦出，最后绷紧脚尖轻轻点地，脚后跟对准另一脚脚后跟；收回时由脚后跟带动经过脚掌、脚后跟，最后全脚着地擦回。

（四）蹲

1. 半蹲（见图2-35）

一位扶把站立。下蹲时，胯始终向上提住，双膝向旁对准脚趾尖，与脚尖保持在一条线上，脊椎垂直对着脚后跟，身体重量平均放于两只脚上，蹲到最大限度时，脚后跟不离地；起立时，脚用力推地到完全伸直。

图2-34 擦地向后

同样的动作可在二位、三位、四位、五位脚的位置上练习。

2. 全蹲（见图2-36）

在半蹲动作的基础上继续下蹲，下蹲时，脚后跟着地的时间要尽可能地长，等到脚后跟实在不能保持在地面上的时候再被动地抬起；蹲到最深处的时候不停顿，紧接着先落脚跟恢复到半蹲的位置，再双脚用力推地到双腿完全伸直。同半蹲的动作一样，双腿在下蹲与伸直的过程中，膝盖始终对着脚尖，后背（脊椎）垂直对着脚后跟。

图2-35 半蹲

图2-36 全蹲

同样的动作可在二位、四位、五位脚的位置上做，而做二位全蹲时，蹲到最深处，脚后跟不离开地面，始终紧贴在地面上，大腿要蹲到与地面平行的高度。

（五）小踢腿（见图2-37）

一位扶把站立。动作腿经过擦地的过程快速向前踢出，停在25度左右的高度上；收回时经脚尖点地，擦地收回。

同样的动作可向旁或向后做。

（六）组合训练

1. 手位脚位组合

预备姿势：双手扶把，一位基本站姿站好，上身挺拔向上，展肩收腹。

图2-37 小踢腿

组合动作：

（1）1-4：一位

　　5-8：左脚向旁迈一步成二位

（2）1-4：左脚收回成三位

　　5-8：左脚贴右脚成五位

（3）1-4：左脚向前一步成四位

　　5-8：还原一位

（4）-（6）：做（1）-（3）的反面动作

（7）1-8：一位立半脚尖

（8）1-4：保持半脚尖碎步转身180度，背对把杆

　　5-8：落脚跟，成一位脚，一位手站立

（9）1-8：一位手

（10）1-8：二位手

（11）1-8：三位手

（12）1-8：右手落回体前，成四位手

（13）1-8：右手向旁打开，成五位手

（14）1-8：左手落回体前，成六位手

（15）1-8：左手向旁打开，成七位手

（16）1-8：收回一位手

2. 擦地移重心组合

预备姿势：双手扶把，一位基本站姿站好，上身挺拔向上，展肩收腹。

组合动作：
（1）1-4：左脚向旁擦出
　　　5-8：擦回一位
（2）1-8：重复（1）动作
（3）1-4：左脚向旁擦出
　　　5-8：落左脚脚跟，移重心至双脚
（4）1-4：移重心至左脚，右脚脚跟推离地面，脚尖点地
　　　5-8：右脚擦地收回一位
（5）-（8）：做（1）-（4）的反面动作
（9）1-4：左脚向前擦出
　　　5-8：擦回一位
（10）1-4：左脚向后擦出
　　　5-8：擦回一位
（11）1-4：左脚向前擦出
　　　5-8：画圈擦至旁
（12）1-4：继续向后画圈擦至后
　　　5-8：擦回一位
（13）-（16）：做（9）-（12）的反面动作

 特别提示

本书中所列组合都是以双手扶把为范例，然而教师在教学中，可以根据学生的情况调整组合的扶把方式。

一般来说，对于初学者而言，所有动作几乎都是从面向把杆双手扶把开始练习的，等身体有了一定的稳定性之后，再做单手扶把杆的训练。

扶把杆时，要特别注意不要用手紧握把杆，在做所有动作时都要求轻扶把杆，这样才能更好地掌握重心，锻炼身体的控制能力。

视野拓展

芭蕾小常识

在舞蹈基本功训练中，以芭蕾舞的训练方法最为规范、科学和系统，并被广泛地学习和借鉴，中国古典舞蹈的训练也大量借鉴了芭蕾的训练内容。你对芭蕾的知识了解多少呢？让我们一起往下看吧！

芭蕾舞的起源："芭蕾"一词本是法语"ballet"的音译，意为"跳"或"跳舞"。芭蕾最初是欧洲的一种群众自娱或广场表演的舞蹈，在发展进程中形成了严格的规范和结构形式。其主要特征是女演员要穿上特制的足尖鞋，立起脚尖起舞。芭蕾舞最重要的一个特征即女演员表演时以脚尖点地，故又称足尖舞。芭蕾舞孕育于意大利文艺复兴时期，17世纪后半叶开始在法国发展流行并逐渐职业化，在不断革新中风靡世界。

芭蕾舞裙：由几层薄纱打褶重叠而成。

发式：古典芭蕾的女演员一般把长头发挽成一个髻，这样脖子和头部的线条就会显得更清晰。

舞鞋：为软底鞋，用柔软的薄皮革或帆布制成，以较紧地包住脚为宜。脚尖舞鞋用以支撑女演员长久地站立和脚尖行走、跑跳。男演员穿标准舞鞋，但个别男演员在表演特定人物时也使用脚尖舞鞋。脚尖舞鞋是在普通舞鞋的鞋尖部分增垫棉花、松香或轻质木楦，并在鞋尖上用线缝衲多次而成。对提高和丰富女子舞蹈的技巧及表现力，塑造浪漫主义芭蕾轻盈欲飞的仙女和精灵形象有很大帮助。

任务评价表

序号	任务内容	任务要求	等级	待改进技能	备注
1	芭蕾的基本概念	掌握芭蕾的手形、手位			
2	把杆训练	①掌握把上站姿、芭蕾脚位、擦地、蹲、小踢腿等动作的规格和要求；②训练中，身体更加挺拔、平衡和稳定			

任务三　古典舞身韵及舞姿训练

任务描述

古典舞汲取了中国戏曲、武术、民间舞等艺术的素材，更加重视形、神、劲、律的表现，特别是"身韵"的产生，更是为古典舞的教学找到了审美核心。在解决了芭蕾要求"直立"的基础上，通过学习古典舞身韵，让学生掌握身韵元素的动势原理，进一步锻炼学生肢体的韵律及表现力。

> 相关知识

一、古典舞的基本概念

（一）古典舞的基本手形

1. 兰花手（女）（见图2-38）

食指至小指逐一伸直错开，指根最大限度向外扩张，中指突出，小指微翘，拇指与中指相贴呈兰花状。

2. 虎口掌（男）

在五指伸直的状态下，虎口张开，掌外侧用力外推，掌心呈窝状。

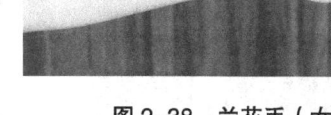

图2-38　兰花手（女）

（二）古典舞的基本手位

1. 自然位

双手在身体两侧下垂。

2. 背手位

在手呈兰花指的状态下，手背贴于身体，背放在腰部后下方。

3. 叉腰手

在手呈掌形的状态下，虎口贴于腰的侧方，拇指在后。

4. 按掌（见图2-39）

保持基本手型和手臂曲臂的形态，与胃部保持平行按于身前。双手做对称姿势，手腕交叉于胃前称交叉按掌。

5. 山膀（见图2-40）

图2-39　按掌

图2-40　山膀

保持基本手型和手臂圆臂的形态，与肩部保持平行置于身侧。双手做对称姿势称双山膀。

6. 托掌（见图2-41）

保持基本手型和手臂圆臂的形态，托于头部上方。双手做对称姿势称双托掌。

7. 山膀按掌（见图2-42）

一手做山膀手位，一手做按掌手位。

图2-41 托掌

图2-42 山膀按掌

8. 托按掌（见图2-43）

一手做托掌手位，一手做按掌手位。

9. 托掌山膀（见图2-44）

一手做山膀手位，一手做托掌手位。托掌山膀又名顺风旗。

图2-43 托按掌

图2-44 托掌山膀

二、古典舞身韵及舞姿训练

（一）提沉（见图2-45）

1. 沉的训练

在坐的姿态上，通过呼气，使气息下沉，感觉气沉丹田，以沉气带动腰椎从自然垂直状一节一节放松，而形成胸微含、身微弯状。

2. 提的训练

在沉的基础上，通过吸气，带动脊椎一节一节向上提起，同时抬头、展肩，使躯干直立，并在此基础上使气息继续向上延伸，使躯干得以延展、拉长。

（1）　　　　　　　　　　（2）

图2-45　提沉

（二）含腆（见图2-46）

1. 含的训练

过程和"沉"一样，但加强胸腔的内收，双肩向里合挤，腰椎形成弓形，空胸低头。可用双手抱肩寻找感觉。

2. 腆的训练

和"含"相反的动作，在"提"的过程中，双肩向后掰，胸尽量前探，头微仰，使上身的肩胸完全舒展开。

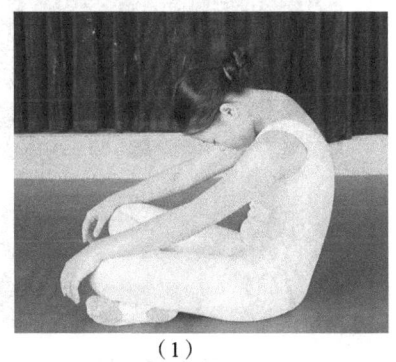 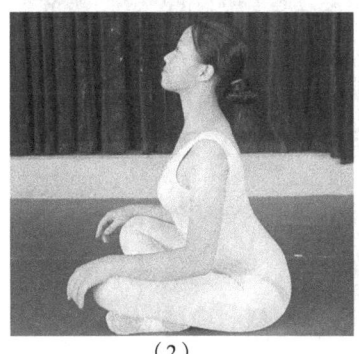

（1）　　　　　　　　　　（2）

图2-46　含腆

（三）冲靠（见图 2-47）

1. 冲的训练

在"沉"的过程中，用肩的外侧和胸大肌向 8 点或 2 点水平冲出，肩与地面保持水平线，切记上身不要向前倾倒，感觉腰侧肌拉长，头与肩相反，肩向左冲，头略向右偏，眼和冲的方向一致。

2. 靠的训练

首先"提"，然后在"沉"的过程中，用后肩部及后肋侧带动上身向 4 点或 6 点"靠"出，感觉前肋往里收，后背侧肌拉长，要求肩与地面保持水平拉出，决不能有躺倒之感，身如向右靠，头则微向左转，眼平视放神，头及颈部略向下梗。

（1）

（2）

图 2-47 冲靠

（四）移（见图 2-48）

要求肩部在腰的发力下向左或向右正旁移动，与地面成横向的水平运动。先经过提，在沉的过程中，以腰发力，用肩带动向旁拉长腰肋肌，头与运动方向相反。

（五）拧（见图 2-49）

固定胯骨，以腰部为发力点，身体最大限度向左或者右拧转，使腰、肋、肩、颈、头始终保持在一条线上。

图 2-48 移

图 2-49 拧

（六）旁提（见图2-50）

在沉往上提的过程中身体由下往上做上身弧线运动，呈弯月形状。训练中注意以腰带肋、以肋带肩，一节一节依次往上提到最大限度，最后形成旁提状。身体有由下往上的拉长感。

图2-50 旁提

（七）手臂动作训练

1. 合手

手由旁撩起，经上方垂肘从胸前落下，做立圆的弧线运动。

2. 分手

手由身前提起，经上方向旁落下，做立圆的弧线动作。

3. 晃手

手臂在身前画立圆。双手臂从一旁经上向另一旁回原位画一立圆，称为双晃手。单手做时称单晃手。

4. 穿手

以指尖为引领，做由内向外的直线运动，分为上穿手、下穿手、后穿手等。

5. 摇臂

手臂在身侧做立圆轨迹上的由前向后或者由后向前的动作。上身配合手臂做横拧。

6. 盘手

以手指尖为引领，手臂做由内向外或者由外向内的盘旋运动。

（八）基本脚位

1. 正步位

双脚脚后跟与脚尖分别对齐，脚的内侧贴近靠拢，脚尖正对前方。

2. 小八字步位

双脚脚跟靠拢，脚尖分别向外打开，两脚之间形成90度的夹角。

3. 大八字步位

在小八字步位的基础上，一脚向旁横移一步，两脚之间的距离约为一脚之长。

4. 丁字步

一脚脚跟与另一脚脚心相靠，两脚尖分别对2点和8点方向，呈丁字状。

5. 踏步（见图2-51）

在丁字步的基础上，后脚伸出弯曲，膝部与支撑

图2-51 踏步

腿膝部相靠，脚掌或脚尖点地。

6. 点步（见图2-52）

一脚支撑，一脚绷脚点地伸出，可分前点、旁点和后点。

7. 虚步（见图2-53）

在前点步的基础上，后腿屈膝，前腿顺势前伸，保持上身直立。

图2-52　点步　　　　　　　图2-53　虚步

8. 旁弓箭步（见图2-54）

在丁字步的基础上，前脚向旁迈出并屈膝90度，另一腿伸直，呈弓形状。

9. 前弓箭步（见图2-55）

在丁字步的基础上，前脚向前迈出并屈膝90度，后腿伸直，呈弓形状。

图2-54　旁弓箭步　　　　　图2-55　前弓箭步

10. 大掖步（见图 2-56）

在丁字步的基础上，前屈膝 90 度，后腿伸直绷脚点地，身体做横拧姿态。

（九）组合训练

1. 综合元素组合

预备姿势：盘腿坐姿，上身直立，双手背手。

图 2-56　大掖步

组合动作：

预备拍 5-8：沉

（1）1-4：提，左手撩向 8 点方向

　　　5-8：沉，左手随身体下沉收回

（2）1-4：提，右手撩向 2 点方向

　　　5-8：沉，右手随身体下沉收回

（3）1-4：提，双撩手至头顶上方

　　　5-8：沉，双手交叉压腕至胸前

（4）1-4：提，双手撩向头顶上方

　　　5-8：沉，双手随身体下沉

（5）1-4：提，左手胸前绕腕

　　　5-8：沉，左手保持按掌，身体向 8 点方向冲

（6）1-4：提，左手向 8 点方向摊手

　　　5-8：沉，身体向 4 点方向靠

（7）1-4：提，双手绕腕至胸前交叉按掌，沉时身体向 7 点方向横移

　　　5-8：提，双手向 3 点和 7 点方向摊开，沉时身体向 3 点方向横移

（8）1-4：同（7）1-4 动作

　　　5-6：沉，身体还原正中

　　　7-8：提，双撩手还原背手

2. 古典舞脚位组合

预备姿势：正步位基本站姿，双背手。

组合动作：

（1）1-4：正步

　　　5-8：小八字

（2）1-4：右脚向后撤半步成丁字步，同时身体转至面向 2 点方向

　　　5-8：右脚脚跟抬起，脚掌后移，变踏步

（3）1-4：经过立半脚尖，落时重心放右脚上，左脚绷脚前点地，变前点步

5-8：右腿屈膝下蹲，左脚顺势向前绷脚擦出，变前虚步
（4）1-4：快速收回左脚，双脚并立
　　5-8：左脚向前迈一步，变大掖步
（5）1-4：身体立起，伸直膝盖，重心放左腿上
　　5-8：右脚向旁迈一大步，成旁弓箭步
（6）1-4：收回左脚，同时身体转至面向8点方向，丁字步位
　　5-8：左脚脚跟抬起，脚掌后移，变踏步
（7）1-4：经过立半脚尖，落时重心放左脚上，右脚绷脚前点地，变前点步
　　5-8：左腿屈膝下蹲，右脚顺势向前绷脚擦出，变前虚步
（8）1-4：快速收回右脚，双脚并立
　　5-8：右脚向前迈一大步，成前弓箭步
结束音乐：收回右脚，回正步位站姿。

 特别提示

身韵元素的动势：
"提""沉"是呼吸带动躯干做的成直线的上下运动；
"含""腆"是里含外开形成的前后运动；
"移"是不断延伸向旁的横向运动；
"拧"是腰椎在垂直轴上的回旋运动；
"旁提"要找身体由下往上的抻长感，绝不等同于下弯腰。

视野拓展

汉唐古典舞和敦煌舞

　　中国古典舞产生于20世纪中期，新中国成立后人们开始通过各种形式重新树立民族自信，发扬中华文化。当时，一些艺术家从保存古文化最多的戏曲艺术、武术、书画、雕刻中将舞蹈提取出来，将这种舞蹈称为"古典舞"。
　　汉唐古典舞和敦煌舞，都是极具特色的古典舞流派。
　　"敦煌舞"是以敦煌莫高窟壁画上的舞姿形象为原型，经过当代舞蹈艺术家、编导者和研究人员的再创作，而创作出来的有着自己独特的形态特征和艺术风格的舞蹈。"飞天"和"反弹琵琶"舞姿，几乎成了敦煌艺术的代表和象征，为大众所熟知。敦煌舞既保持着中国古典舞的审美，也在很多方面充分彰显出她的与

众不同。敦煌舞异域风格的舞蹈元素来源于古代盛世时期中华民族传统文化与外域文化的交流和交融，具有西域、中原、地方"三结合"的特点，是一种独具艺术魅力的古典舞蹈流派。代表剧目有《千手观音》《敦煌彩塑》等。

汉唐古典舞是以中国古代文明史中最辉煌的汉、唐精神和艺术气质为审美主干，以汉、唐为代表的乐舞文化传统和明、清以来发展成熟的戏曲舞蹈形式为支点，而创建的中国古典舞学派。舞蹈是历代统治者愉悦享乐、歌功颂德的一种重要工具，以女乐为主。汉唐古典舞有其独特的魅力，通过左右摆和拧腰、松胯形成二维或三维空间上的"三道弯"体态，静态中含着一种自然的动感，尽显少女之婀娜妩媚。它是一种极为中国化的舞蹈，有着独特的中国文化特色，这是其魅力的源泉。代表剧目有《踏歌》《桃夭》等。

任务评价表

序号	任务内容	任务要求	等级	待改进技能	备注
1	古典舞的基本概念	掌握古典舞的手形、手位			
2	身韵及舞姿训练	①掌握提沉、冲靠、含腆、移、拧、旁提等元素的规格和要求； ②通过手臂动作及舞姿的训练，增强肢体的协调性； ③使身体更具表现力			

项目关键词

舞蹈基本知识、地面辅助训练、芭蕾把杆训练、古典舞身韵

课后练习

1. 根据自己的先天条件，选择合适的地面动作进行强化训练。
2. 根据书中介绍的动作元素，自行编创舞蹈训练组合若干。
3. 欣赏芭蕾舞、古典舞的经典剧目，进一步了解舞蹈艺术。

项目三　形体与健美操

项目概览

健美操是形体综合训练的重要方法之一。科学有效的健美操训练可以提高身体的协调性、柔韧性、灵活性等基本素质，改善身体的原始状态，对健康形体美的塑造具有重要作用。本项目通过对健美操基本知识的讲解以及科学系统的组合训练，来培养学生正确的身体姿态以及良好的举止、仪表和修养，从而塑造健康的形体美与高雅的气质美，为旅游专业的学生未来从事管理服务工作奠定良好的基础。

学习目标

（1）了解健美操的基本知识，认识到健美操训练对健康形体美塑造的重要性。

（2）学习与掌握健美操基本动作的规范要求，积极参与健美操的组合训练。

（3）通过健美操组合训练，培养正确的身体姿态以及良好的举止、仪表和修养，充分领会健康的形体美对旅游专业学生未来就业的重要性。

任务一　健美操概述

任务描述

本任务要求学生通过老师课堂讲解和翻阅课外资料，来了解健美操的相关知识，明确健美操锻炼对塑造健康形体美的重要作用，培养参与健美操锻炼的积极性。

> 相关知识

一、健美操的概念

健美操是近几十年发展起来的一项新兴的体育运动项目，它起源于传统的有氧健身操，是在音乐的伴奏下，以有氧运动为基础，以健、力、美为特征，融体操、音乐、舞蹈为一体，达到增进健康、塑造形体和娱乐身心目的的一项体育运动。

二、形体训练与健美操

实践证明，健美操是形体综合训练的重要方法之一，长期科学系统的健美操训练可以塑造健美的身体形态和培养高雅的气质风度。

首先，与其他体育运动项目相比，健美操动作以"健、力、美"为特征，讲究健美、舒展、大方，强调身体制控、力度与弹性的并存，锻炼过程中具有全面性和针对性的特点。从动作编排上讲，动作组合要求在无、低、高冲击力三种步伐的基础上配合手臂的多种形式变化和身体不同方向的变化组合而成，动作左右对称、方向相反，能够使身体得到全面的锻炼，提高关节的灵活性和上下肢的协调性；同时健美操的动作趋向不停顿的连续走、跳、跑，可以使练习者消耗多余的脂肪，线条清晰，身材匀称，增强肌肉力量，使体态显得刚劲有力，从而产生塑造形体美的效应。

其次，在健美操锻炼过程中，无论动作如何变化，时刻要求练习者重心平稳，保持一种端庄、自然挺拔的标准姿态，对头、颈、胸、腰、腹、髋等部位均有细腻的要求，帮助练习者纠正原始体态，形成正确的身体姿势，培养挺拔、端庄的姿态；同时健美操具有强烈的时代感与动律性，音乐动感时尚，节奏鲜明强劲，要求练习者具有良好的表现力，精神饱满愉快，充满激情与活力，将外在美与内在美融为一体，从而培养良好的举止、仪表和修养。系统、科学、规范化的健美操训练可以使练习者形态健美、姿态优雅、气质高贵，是形体训练的主要方法之一。

三、健美操的分类与特点

（一）健美操的分类

健美操内容丰富、种类繁多，按照不同的目的和任务，可将健美操分为健身健美操（也称大众健美操）和竞技健美操两大类（见图3-1）。

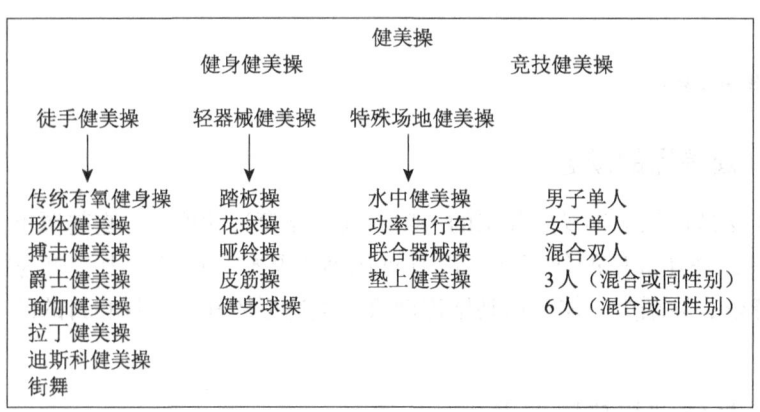

图 3-1 健美操分类

1. 健身健美操

健身健美操是一种有氧运动，也称有氧健身操，因其主要面向大众人群，故也称为大众健美操。它以健身为目的，通过在有氧供能的条件下，按照一定的顺序来锻炼身体的各个部位，来提高有氧代谢能力，增进健康，健美形体。

2. 竞技健美操

竞技健美操是在健身健美操的基础上发展起来的，其主要的目的是"竞赛"。它有特定的比赛规则和评分办法，设有男子单人、女子单人、混双、3人及6人操几个比赛项目。不同于健身健美操的是：竞技健美操对练习者的身体素质、技术能力有较高的要求；其动作必须展示连续的动作组合、柔韧性和力量，并在综合运用七种基本步法的同时，高质量、完美地完成各类难度动作，在动作的设计上也要求更加多样化，并严格避免重复动作和对称性的动作，音乐节奏较快。

（二）健美操的特点

1. 集健身和美体于一体

与其他体育项目相比，健美操以"健康、力量、美丽"为特征，讲究动作的健美大方，重视力度和弹性的并存。练习内容要求具有高度的针对性和实效性，可以充分锻炼身体各部位的关节、韧带、肌肉，使身体的协调性、灵敏性得到极大提升，同时也可使身体肌肉发达，脂肪减少，线条清晰，从而达到健身与美体的功效。

2. 鲜明的时代感和韵律性

健美操是融体操、音乐、舞蹈为一体的，是须在音乐伴奏下进行的一种身体练习。其动作的编排多选取于现代爵士舞蹈、时尚体操，体现时代特征；其音乐多取材于迪斯科、爵士和摇滚等现代音乐，节奏鲜明、强劲有力，风格更趋于热烈奔放，充满活力，使健美操体现出一种鲜明的动律感。使练习者在锻炼过程中不仅能得到身体的训练，更能在练习中释放自我，身心健康得到极大的保障。

3. 体现艺术之美

健美操是追求健与美的运动项目，其运动特征为"健、力、美"，属于健美体育的范畴。无论是健身健美操还是竞技健美操，其动作协调、动感、有弹性，编排讲究健美大方、力度到位、空间多变、富有美感。使练习者不仅锻炼了身体，增强了体质，而且从中得到了"美"的享受，提高了审美意识和艺术修养，也提升了自身的气质与自信。同时，健美操运动员在比赛中所表现出的健美的体魄、高超的技术、流畅的编排和充沛的体力等，亦无不给观众留下深刻的印象，充分体现出健美操的运动之美。

4. 广泛的群众性与适应性

健美操不仅能健身美体，还可以在运动之余缓解快节奏的生活压力，符合现代人追求身心健康的需要，因此深受广大人民群众的喜爱。首先，健美操动作有易有难，练习形式多样，音乐有快有慢，节奏鲜明，运动负荷和运动强度的大小可调节，适合于不同年龄、职业、技术水平的人锻炼，各种人群都能从健美操练习中找到适合自己的健身方式，从中找到乐趣，并达到健身美体的目的。其次，由于健美操不受气候的影响，对场地、器材条件的要求不高，可以在室外、室内、广场、健身房等场所进行，因此，健美操是一项适应性、群众性较强的体育项目。

视野拓展

健美操的兴起与发展

1. 国际上健美操的兴起与发展

健美操作为一项独立的体育运动项目兴起于20世纪60年代末70年代初，源于人们对"健康"和"健美"的追求，并以它强大的生命力在世界各国蓬勃发展。美国是对世界健美操的发展有着重要影响的国家，其代表人物影视明星简·方达，根据自己的健身体会和经验，撰写了《简·方达健美术》一书。该书自1981年在美国首次出版以来，一直畅销不衰，并被译成了20多种文字，在世界30多个国家发行。她以用健美操来保持身体健康和体态苗条的成功经验进行现身说法，对世界健美操运动的发展产生了巨大的影响。与此同时，自1985年开始，美国正式举办一年一度的健美操锦标赛，并确定了竞赛项目和规则，使健美操发展成为竞技性运动项目。

1983年国际健美操联合会（简称IAF）成立，总部设在日本，共有20多个会员国，每年举办世界健美操比赛，其在1983年举办了第一届国际健美操比赛，约有近百名运动员参加；20世纪80年代中期，国际健美操与健身联合会（简称FISAF）成立，总部设在澳大利亚，共有40多个会员国，除每年举办健美操专业比赛外，还组织各种健美操培训班；1990年国际健美操冠军联合会（简称ANAC）成立，总部设在美国，每年举办ANAC世界健美操冠军赛，而且1998年举办的此项赛事中还增加了少儿健美操比赛；国际体联（简称FIG）从1995年开始，每年举办国际体联（FIG）健美操世界锦标赛，到2015年已举办过13届，每届均有30多个国家、百名以上运动员参加。

2. 我国健美操的兴起与发展

现代健美操热传入我国是在20世纪70年代末80年代初。随着后来的发展，将中国古老文化中的武术、民间舞蹈等与欧美健美操融为一体，创造了具有中国特色的徒手健美操和持轻器械健美操。1984年北京体育学院成立了健美操教研室，接着1989年上海体育学院也相继成立了健美操教研室，并率先开设了健美操选修与专修课。目前健美操已被教育部列为普通高等学校体育教育专业的主干必修课，并已成为我国各级各类学校体育课或课外活动中一项深受师生欢迎的教学内容和锻炼项目。与此同时，社会健美操也得到了不同程度的发展，各种健美操中心、俱乐部、培训班如雨后春笋般涌现，许多人选择健美操作为自己主要的健身方式。

在中国，以竞技为主要目的的竞技健美操也在迅速发展。1986年4月6日在广州举办了首届"全国女子健美操邀请赛"，设有集体6人和个人两项比赛；1987年5月，在北京举办了我国首届正式的竞技健美操比赛——长城杯健美操邀请赛，这次比赛设有男女单人、混双、男女3人、混合6人5个项目的比赛；为了把我国健美操推向世界，1988年6月在北京举办了长城杯国际健美操邀请赛，有中国内地、美国、日本、巴西、中国香港等国家和地区的30多名运动员参赛，同时北京还成立了国际健美操协会筹委会，以促进国际健美操运动的发展。

1992年9月中国健美操协会（CAA）在北京成立，先后制定了《全国健美操指导员专业等级实施办法（试行）》《全国健美操大众锻炼标准实施办法》和《健美操等级运动员规定动作》，这些举措对于我国健美操运动的普及与提高具有重大意义。1999年我国正式使用FIG国际健美操评分规则，这标志着我国竞技健美操与国际接轨。

1992年2月，中国大学生体协健美操艺术体操分会（CSARA）成立，协会每年举行一届大学生健美操艺术体操锦标赛，并将健美操作为中华人民共和国大学生运动会正式比赛项目，这标志着我国高校健美操运动已进入一个崭新的发展阶段。

（资料来源：黄宽柔，姜桂萍.健美操体育舞蹈［M］.北京：高等教育出版社，2006：7.有改动）

视野拓展

中国竞技健美操登上世界领奖台

2004年6月5日，中国竞技健美操界迎来前所未有的盛况，这也是令所有热爱且积极投身于健美操的人倍感振奋的日子。远在保加利亚的第8届世界健美操锦标赛赛场上，6名来自中国的年轻人凭借完美的发挥、新颖的动作编排和令人炫目的连接动作，夺得了6人操项目的第三名。唐红斌、敖金平、于巍、秦勇、何世剑等六个名字将永远镌刻在每个竞技健美操人的心中。这一成绩使中国竞技健美操在世界大赛上实现了奖牌"零的突破"。

任务评价表

序号	任务内容	任务要求	自我评价	备注
1	健美操的概念	知道什么是健美操；了解健美操与形体训练的关系		
2	健美操的分类	了解健美操有哪些分类		
3	健美操的特点	明确健美操有哪些特点		

任务二　健美操基本动作训练

任务描述

本任务要求学生结合健美操技能实践课，通过课堂学习和课外练习，来掌握健美操的基本手形和步法，明确健美操基本动作规范的要求，并通过练习提高身体各部位的灵活性与协调性，提高动作控制力，形成正确的身体姿势，塑造健美形态，培养内在气质。

> 相关知识

一、健美操基本姿态训练

健美操的身体姿态是根据现代人的人体与行为美的标准而建立的。人体在整个运动过程中，非特殊条件下，应保持体态的自然挺拔。最常见的动作有抬头、颈部挺直、挺胸收腹、腰背挺立、臀部收紧、两腿并拢伸直，注意脊柱正直，头、颈、躯干和腿保持在一条垂直线上（见图3-2）。

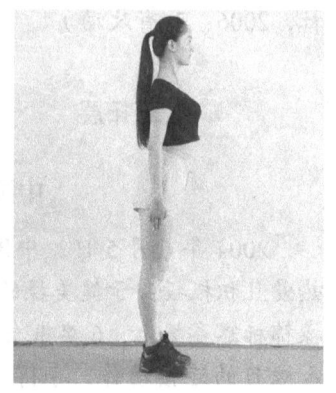

图3-2 基本姿态

二、健美操基本手形与手臂动作训练

（一）手形训练

1.掌（见图3-3）

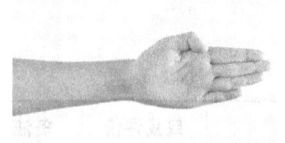 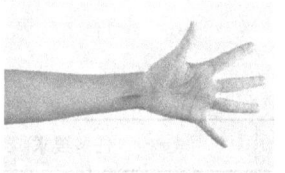 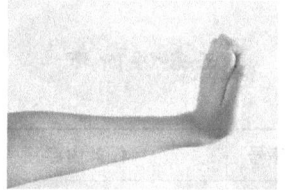

（1）并掌　　　　　（2）开掌　　　　　（3）立掌

图3-3 掌

（1）并掌：大拇指指关节弯曲内扣，其余四指伸直并拢。

（2）开掌：五指用力伸直，充分分开。

（3）立掌：五指自然弯曲，手掌用力上屈。

2.拳（见图3-4）

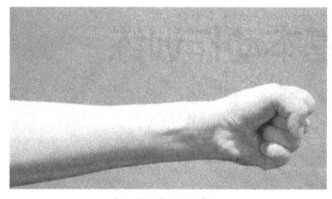 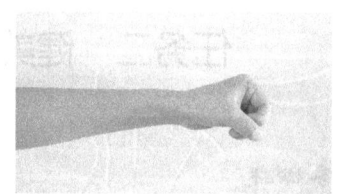

（1）实心拳　　　　　　　　　（2）空心拳

图3-4 拳

（1）实心拳：四指卷握，大拇指末关节压住食指、中指的第二关节。

（2）空心拳：四指卷握，大拇指末关节压住食指、中指的第二关节，拳心呈空心状。

3. 其他手形（见图 3-5）

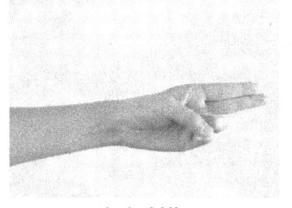
（1）剑指

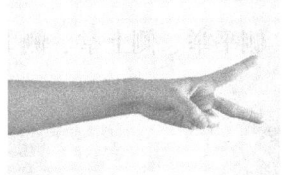
（2）V 指

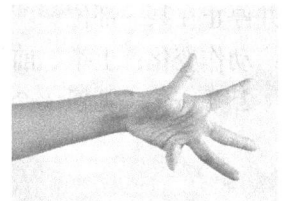
（3）西班牙手形

图 3-5　其他手形

（1）剑指：食指和中指并拢伸直。
（2）V 指：食指与中指伸直并尽力分开，其余手指内收，拇指压在无名指上。
（3）西班牙手形：五指用力分开不在一个平面，小指、无名指、中指依次内旋，拇指内收。

（二）手臂动作训练

1. 举（见图 3-6）

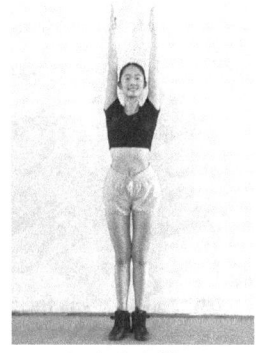
（1）上举

（2）前举

（3）侧平举

（4）侧上举

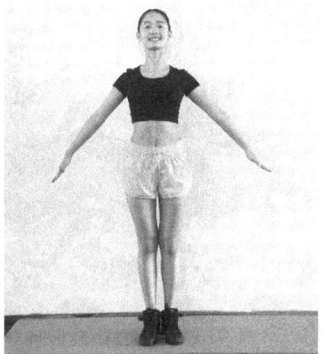
（5）侧下举

图 3-6　举

动作描述：以肩关节为轴，手臂伸直向某个方向抬起，活动范围不超过180度并停止在某一部位。

动作变化：上举、前举、侧平举、侧上举、侧下举。

2. 屈、伸（见图3-7）

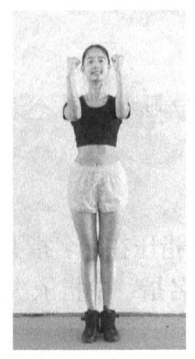 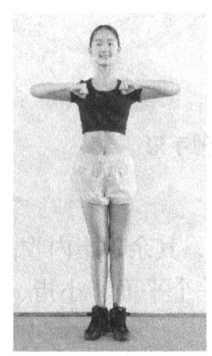 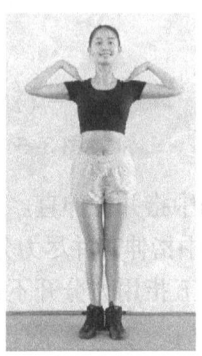 

（1）胸前屈　　　（2）胸前平屈　　　（3）肩侧屈　　　（4）肩侧上屈

图3-7　屈、伸

动作描述：大臂固定，以肘关节为轴，肘关节产生一定的弯曲角度，由弯曲到伸直或由伸直到弯曲的动作。

动作变化：胸前屈、胸前平屈、肩侧屈、肩侧上屈。

3. 摆动（见图3-8）

动作描述：两手握拳，手臂屈肘，前后自然摆动。

动作变化：同时摆动、依次摆动。

4. 绕、绕环（见图3-9）

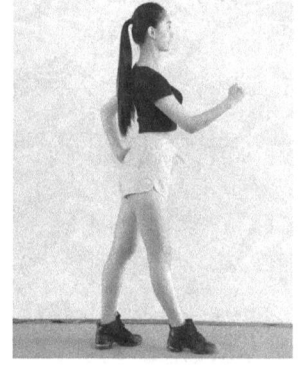

图3-8　摆动

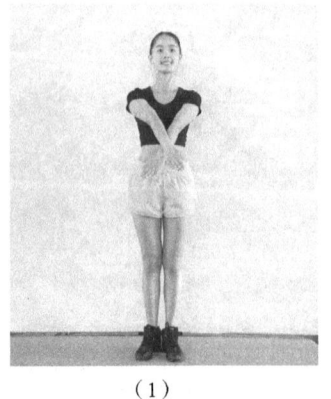 

（1）　　　　　　　　（2）

图3-9　绕、绕环

动作描述：两臂或单臂以肩为轴做弧线运动；大臂固定，小臂以肘关节为轴做弧线运动。

动作变化：两臂或单臂向前、后、内、外绕或绕环。

三、身体各部位基本动作训练

（一）头颈动作训练（见图 3-10）

  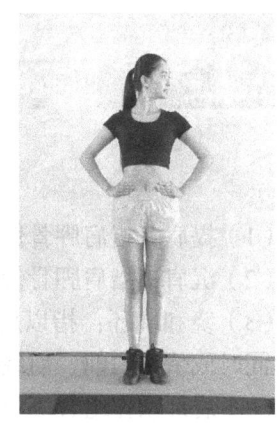

（1）前屈　　　　　　（2）左屈　　　　　　（3）左转

图 3-10　头颈动作

（1）屈：指头颈关节角度的弯曲。包括向前、后、左、右的屈。

（2）转：指头颈部绕身体垂直轴的转动。包括向左、右的转。

（3）绕和绕环：指头以颈为轴心的弧形和圆形运动。包括左、右绕和左、右绕环。

（4）头颈动作组合练习（4×8拍）

【1×8拍】1-2拍：前屈低头。3-4拍：还原。5-6拍：后屈仰头。7-8拍：还原。

【2×8拍】1-2拍：左侧屈。3-4拍：还原。5-6拍：右侧屈。7-8拍：还原。

【3×8拍】1-2拍：头正直。向左转90度。3-4拍：还原。5-6拍：向右转90度。7-8拍：还原。

【4×8拍】1-4拍：头颈自然放松，按顺时针方向沿垂直轴绕环360度。5-8拍：按逆时针沿垂直轴绕环360度。

（二）肩部动作训练（见图 3-11）

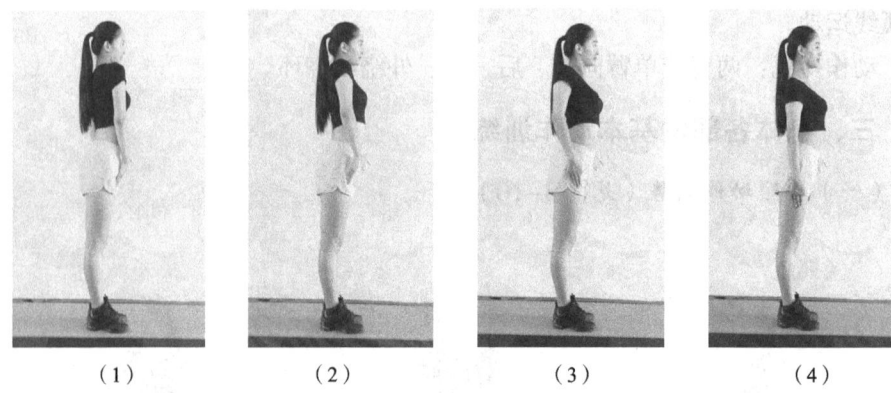

（1）　　　　　（2）　　　　　（3）　　　　　（4）

图 3-11　肩部动作

（1）提肩：指肩胛骨做向上的运动。包括单肩、双肩的同时提和依次提。

（2）沉肩：指肩胛骨做向下的运动。包括单肩、双肩的同时沉和依次沉。

（3）绕和绕环：指以肩关节为轴做弧线运动。包括单肩向前、后绕或绕环，双肩同时或依次向前、后绕或绕环。

（4）肩部动作组合练习（4×8 拍）

【1×8 拍】1-2 拍：左肩上提。3-4 拍：左肩下沉至还原。5-6 拍：右肩上提。7-8 拍：右肩下沉至还原。

【2×8 拍】1-4 拍：左肩向内绕环。5-8 拍：向外绕环至还原。

【3×8 拍】1-4 拍：右肩向内绕环。5-8 拍：向外绕环至还原。

【4×8 拍】1-4 拍：两肩同时向内绕环 360 度。5-8 拍：同时向外绕环 360 度至还原。

（三）胸部动作训练（见图 3-12）

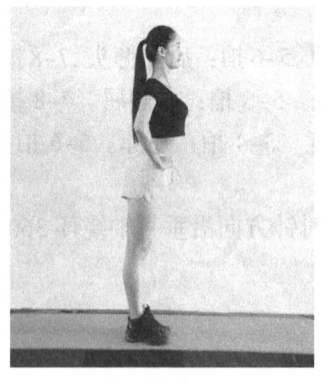 

（1）挺胸　　　　　　　　　　　　（2）移胸

图 3-14　胸部动作

（1）挺胸：指两肩外展，胸部向前挺起，扩大胸腔。
（2）含胸：指两肩内合，胸部正中心向里缩，缩小胸腔。
（3）移胸：指髋部固定，做胸左、右的水平移动。
（4）胸部动作组合（4×8拍）

【1×8拍】1-2拍：向前挺胸。3-4拍：向左移胸。5-6拍：向后含胸。7-8拍：向右移胸。

【2×8拍】与【1×8拍】动作相同，方向相反。

【3×8拍】髋部不动，按顺时针绕一圈。

【4×8拍】与【3×8拍】动作相同，方向相反。

（四）髋部动作训练（见图3-13）

（1）顶髋　　　　　　　　　　　（2）提髋

图3-13　髋部动作

（1）顶髋：指髋关节的水平移动。包括前、后、左、右顶髋。
（2）提髋：指髋关节向一侧做上提的动作。包括左、右提髋。
（3）绕髋和髋绕环：指髋关节做弧形、圆形移动。包括向左、右的绕和绕环。
（4）摆髋：指髋关节做钟摆式的连续移动动作。包括左、右侧摆。
（5）髋部动作训练组合（4×8拍）。

【1×8拍】1-2拍：向前顶髋。3-4拍：向左顶髋。5-6拍：向后顶髋。7-8拍：向右顶髋。

【2×8拍】与【1×8拍】动作相同，方向相反。

【3×8拍】1-2拍：向左提髋。3-4拍：向右顶髋。5-8拍：髋关节按顺时针绕环一圈。

【4×8拍】与【3×8拍】动作相同，方向相反。

四、健美操基本步法训练

基本步法是健美操动作中最基本的单位,也是组合套路中最重要的组成部分。下面介绍几种常用的基本步法。

(一) 踏步类

1. 踏步(见图 3-14)

动作描述:两腿原地依次抬起,依次落地。

动作变化:踏步分腿、踏步并腿、踏步转体。

2. 走步(见图 3-15)

动作描述:迈步向前走时,脚跟先落地,过渡到全脚掌;向后走时则相反。

图 3-14　踏步

动作变化:向前、向后、侧前、侧后方向走步,左右走步转体或弧线走步。

 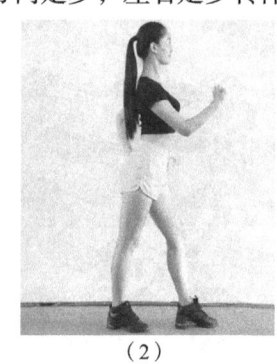

(1)　　　　　　　　　　(2)

图 3-15　走步

3. 一字步(见图 3-16)

动作描述:一脚向前一步(脚跟先落地,过渡到全脚掌),另一脚并于前脚,然后依次还原。

动作变化:向前、向后、转体的一字步。

(1)　　　　　(2)　　　　　(3)　　　　　(4)

图 3-16　一字步

4.V 字步（见图 3-17）

动作描述：一脚向前侧方迈一步，另一脚随之向另一方迈一步，成两脚开立，屈膝，重心在两腿之间，然后依次退回原位。

动作变化：倒 V 字步（也称 A 字步）、转体 V 字步。

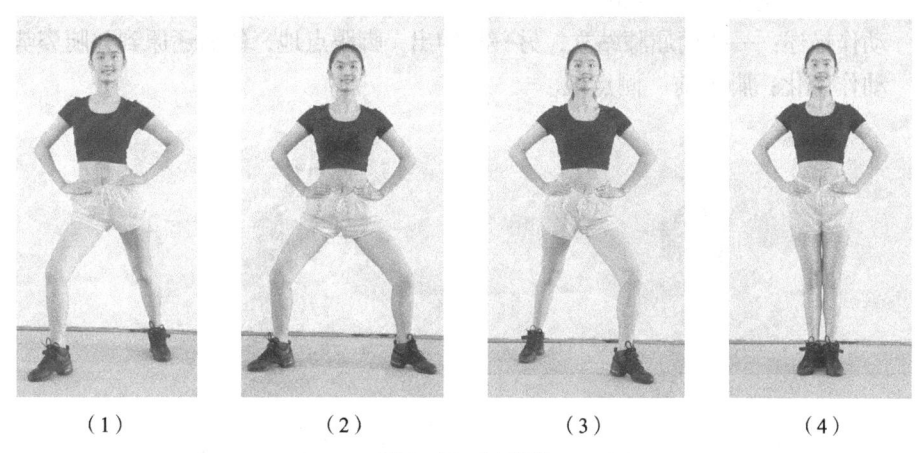

（1）　　　　　（2）　　　　　（3）　　　　　（4）

图 3-17　V 字步

5. 漫步（见图 3-18）

动作描述：一脚向前迈步，屈膝，重心随之前移，另一脚稍抬起，然后原地落下，或向后撤一步，重心随之后移，另一脚稍抬起，然后原地落下。

动作变化：转体漫步。

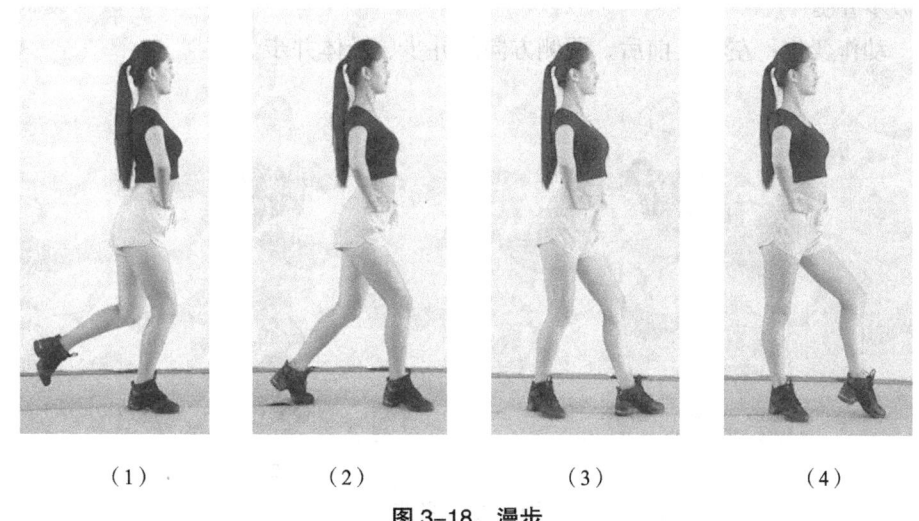

（1）　　　　　（2）　　　　　（3）　　　　　（4）

图 3-18　漫步

（二）点地类

1. 脚尖点地（见图3-19）

动作描述：一腿稍屈膝站立，另一腿伸出，脚尖点地，然后还原到并腿姿势。

动作变化：脚尖前、侧、后点地。

2. 脚跟点地（见图3-20）

动作描述：一腿稍屈膝站立，另一腿伸出，脚跟点地，然后还原到并腿姿势。

动作变化：脚跟前、侧点地。

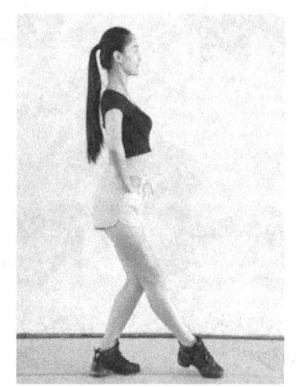
图3-19 脚尖点地

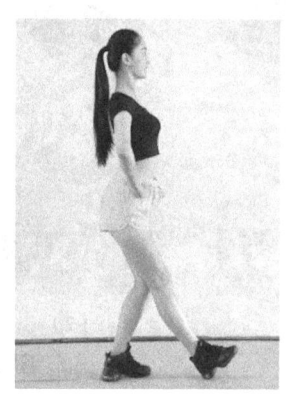
图3-20 脚跟点地

（三）迈步类

1. 并步（见图3-21）

动作描述：一脚迈出，另一脚随之并拢屈膝点地，两膝保持弹动，再向反方向迈步并腿。

动作变化：左右、前后、两侧方向的并步、转体并步。

（1）

（2）

图3-21 并步

2. 迈步后屈腿（见图 3-22）

动作描述：一脚迈出一步，稍屈膝，另一脚后屈，脚跟靠近臀部，然后向相反方向迈步。

动作变化：侧方向迈步后屈腿、前后移动后屈腿、转体后屈腿。

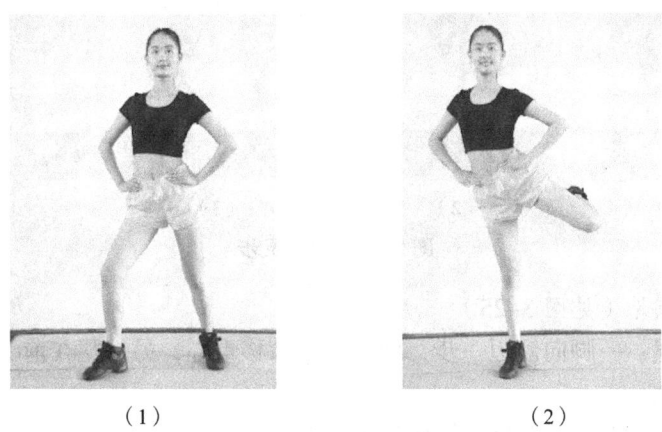

（1）　　　　　　　（2）

图 3-22　迈步后屈腿

3. 迈步吸腿（见图 3-23）

动作描述：一脚迈出一步，另一腿屈膝抬起，然后向反方向迈步。

动作变化：向前、向侧、向侧前方迈步吸腿、转体吸腿。

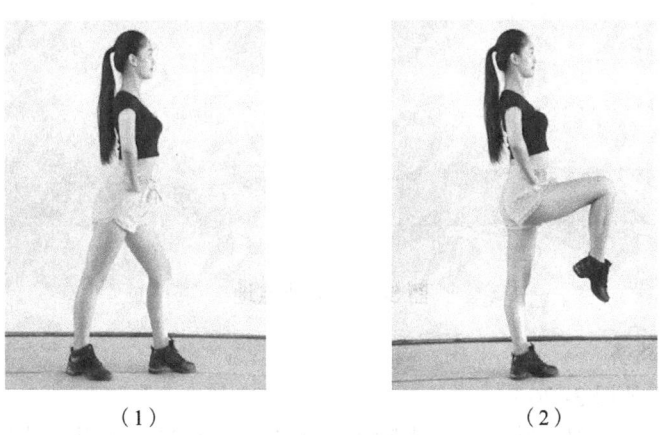

（1）　　　　　　　（2）

图 3-23　迈步吸腿

4. 侧交叉步（见图 3-24）

动作描述：一脚向侧迈一步，脚跟先着地，过渡到全脚掌，另一脚在其后交叉，随之再向侧迈一步，另一脚并拢，屈膝点地。

动作变化：左右、转体交叉步。

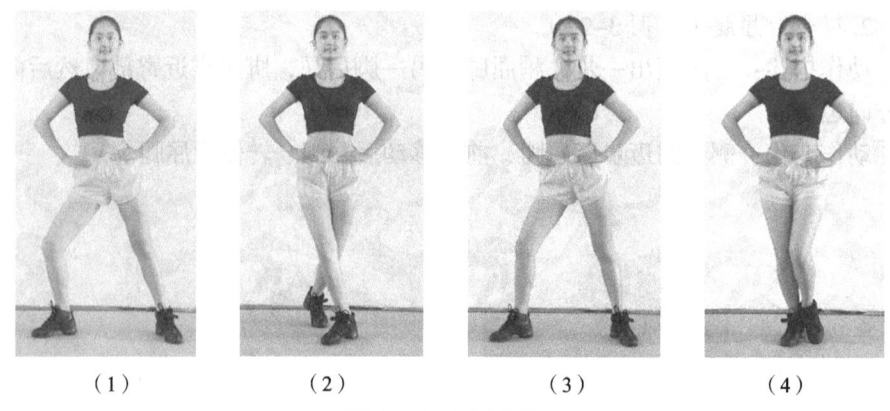

（1）　　　　（2）　　　　（3）　　　　（4）

图3-24　侧交叉步

5. 迈步点地（见图3-25）

动作描述：一脚向侧迈一步，两脚经屈膝移重心，另一腿在前、侧或后用脚尖或脚跟点地。

动作变化：左右、前后、转体迈步点地。

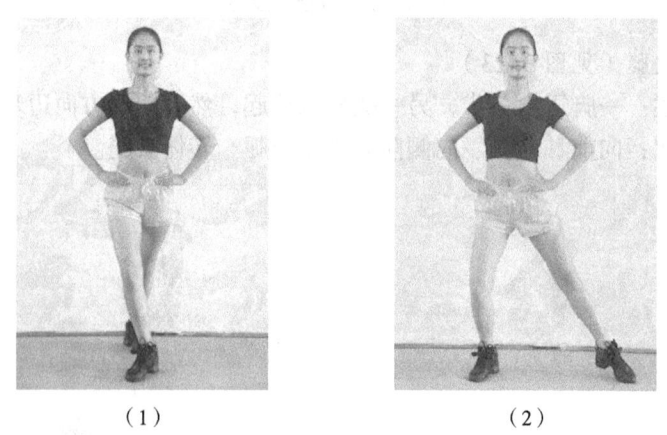

（1）　　　　　　　（2）

图3-25　迈步点地

（四）抬腿类

1. 吸腿（见图3-26）

动作描述：一腿屈膝抬起，大腿抬至水平，小腿自然下垂，落下还原，支撑腿保持弹动。

动作变化：向前、向侧、转体吸腿。

2. 踢腿（见图3-27）

动作描述：一腿稍屈膝站立，另一腿抬起，然后还原，上体保持正直。

动作变化：前踢、侧踢。

图 3-26　吸腿　　　　　　　图 3-27　踢腿

3. 弹踢（见图 3-28）

动作描述：一腿站立跳起，另一腿先向后踢再向前下方弹踢，膝关节靠紧，然后还原。

动作变化：向前、向侧、转体、行进间弹踢。

4. 摆腿（见图 3-29）

动作描述：一腿稍屈膝站立，另一腿做摆动，绷脚尖。

动作变化：向前摆、向侧摆。

（1）　　　　　（2）

图 3-28　弹踢　　　　　　　图 3-29　摆腿

视野拓展

柔韧性素质训练的基本手段

鉴于旅游专业的学生未来主要从事于管理服务工作，对身体的柔韧性与协调性要求较高,下面再介绍几种身体各部位柔韧性练习的方法,供学生在课后练习。

1. 肩、胸、腰部柔韧性练习

(1)面对把杆站立,两脚开立大于肩,双手手臂伸直放于把杆,上身前倾向下进行正压肩、侧压肩和左右交替压肩。

(2)练习者成站立姿势,两手上举互握,帮助者一手向前推背,一手向后牵拉练习者的双臂,使练习者展肩、挺胸。

(3)练习者成分腿体前屈姿势,双手前伸,躯干尽量接触地面,帮助者可慢慢压其背部,来缩短躯干与地面的距离,练习者注意抬头、挺胸、收腹。

2. 髋、腿的柔韧性练习

(1)面对把杆站立,两脚开立大于肩,双手扶杆,进行左右摆髋练习,练习时支撑腿前脚掌着地,另一条腿脚跟着地。

(2)成站立姿势,抬头、挺胸、收腹,大腿加紧,双手肩上屈,保持上体不动进行前后转髋练习。

(3)压腿:将一条腿置于把杆上,直膝、胯正,可向前、侧、后压腿。

(4)踢腿:伴随音乐节奏进行行进间的前、侧、后踢腿练习,上体保持正直,可两步一踢或一步一踢。

 特别提示

由于健美操能够健身美体、陶冶情操,其动作有易有难,练习形式多样,音乐有快有慢,节奏鲜明,运动负荷和运动强度的大小可调节,同时不受气候的影响,对场地、器材条件的要求不高,练习起来简便安全,因此,健美操是男女老幼皆为青睐的一项运动。为了让大家更好地进行健美操锻炼,取得理想的健身效果,下面为大家介绍锻炼时应注意的几点事项。

1. 身体方面

锻炼前进行身体检查,主要看其是否可以参与健美操锻炼。空腹时不宜参加运动锻炼,过饱或过饥也不适合,运动锻炼最好在进餐1~2小时后进行。运动后则应休息30分钟再进食,运动时出汗较多还应及时补充水分,运动中、运动后的补水应遵循"少量多次"的原则。

2. 充分的准备活动

充分的准备活动能使关节、韧带、肌肉温度升高,增加身体灵活性,提高神经系统兴奋程度和心血管活动水平,尽快地使机体为适应有氧运动强度做准备,从而防止运动伤害的发生。

3. 动作的选择及顺序

从准备活动开始，动作以拉伸、踏步、弹动、呼吸练习为主，由大关节到小关节，由四肢到全身，要求动作与呼吸配合，动作速度慢；基本部分以步法组合为主体配合手臂动作，高潮以跑跳动作为主；放松部分以拉伸和缓慢的动作为主，调整呼吸节奏，放松肌群，消除疲劳。整个过程遵循循序渐进的规律，动作由易到难、由简到繁，幅度由小到大，节奏由慢到快，运动负荷由小到大。同时锻炼者要根据自身体质安排健美操运动的时间与频度，合理安排训练计划。

4. 着装要求

锻炼时要选择有弹性、舒适的服装。每次练习后，要及时清洗服装，保持服装干爽。鞋子不仅要大小合适，而且鞋底要具备一定的弹性和弯曲性，以保护脚底的足弓部位。切忌穿高跟鞋和厚底鞋。

任务评价表

序号	任务内容	任务要求	自我评价	备注
1	健美操的基本手形	熟悉并能说出基本手形，并展示		
2	健美操的手臂动作	能进行手臂各动作的展示		
3	健美操各部位动作训练	能跟着音乐熟练进行各部位训练组合的练习		
4	健美操基本步法	能说出步法的种类，并能进行步法展示		

任务三　健美操组合训练

任务描述

本任务要求学生在健美操组合训练实践课中，通过模仿教师示范进行学习和观看视频练习，来积极参与健美操的锻炼，掌握健美操组合编排的原则和基本要求，并能尝试设计一套健美操训练套路，通过长期科学有效的锻炼提高关节的灵活性和上下肢的协调性，塑造健美形态。

相关知识

本套健美操组合训练套路是在健美操基本步法的基础上，加上手臂动作、手形的多种变化，以及身体不同方向的变化组合而成的。编排的设计遵循了由易到难、由简到繁、由慢到快、运动强度由小到大再到小的原则。每个组合分为左右两个方向完成动作，右边完成4个8拍之后，再完成左边4个8拍，动作左右对称，方向相反。

一、组合一

（一）正方向（右脚开始，4×8拍）

【1×8拍】（见图3-30）1-3拍：右脚开始向前走三步，同时双手握拳，前后摆动。

4拍：吸左腿，同时双手胸前击掌。

5-8拍同1-4拍，动作相同，方向相反。

（1）　　　　　　　　　（2）

图3-30　走步+吸腿（1-4拍）

【2×8拍】（见图3-31）1-2拍：右并步，同时1拍双手握拳胸前平屈，拳心向下，2拍双手还原至体侧。

3-4拍：转体90度并步，手臂动作同1-2拍。

5-8拍同1-4拍，动作相同，方向相反。

 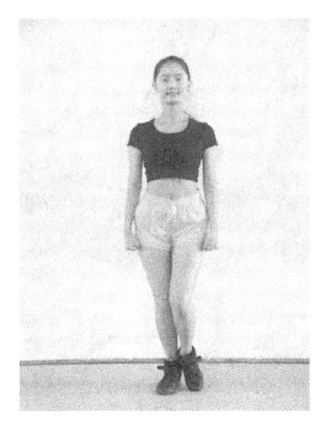

（1） （2）

图 3-31（1-2 拍）

【3×8 拍】（见图 3-32）1-4 拍：V 字步，同时 1 拍右手侧上举，掌心向外，2 拍左手侧上举，掌心向外，3-4 拍，双手胸前击掌 2 次。

5-8 拍：倒 V 字步，同时 5 拍右手侧下举，掌心向内，6 拍左手侧下举，掌心向内，7-8 拍，双手胸前击掌 2 次。

（1） （2）

图 3-32（1-2 拍）

【4×8 拍】（见图 3-33）1-4 拍：后屈腿，同时 1 拍双臂握拳前冲，拳心向下，2 拍双臂握拳收于腰间，3-4 拍手臂动作同 1-2 拍。

5-8 拍，左腿后屈两次，过渡到反方向，手臂动作同 1-4 拍。

（1）　　　　　　　　　（2）

图 3-33（1-2 拍）

（二）反方向（左脚开始，4×8拍，同正方向，动作相同，方向相反）

二、组合二

（一）正方向（右脚开始，4×8拍）

【1×8拍】（见图3-34）1-4拍：踏步两脚开合，同时，双手握拳胸前顺时针绕环。

5-6拍：右脚脚尖左侧点地至右侧点地，同时5拍右手侧平举，左手胸前平屈，6拍左手侧平举，右手胸前平屈。

7-8拍：漫步的后半步，双臂前后自然摆动。

（1）　　　　　　　　　（2）

图 3-34（5-6 拍）

【2×8拍】（见图3-35）1-4拍：向前的一字步，同时1拍双手侧平举，2拍双手头上交叉，3拍同1拍，4拍还原至体侧。

5-8 拍：向后的一字步，手臂动作同 1-4 拍。

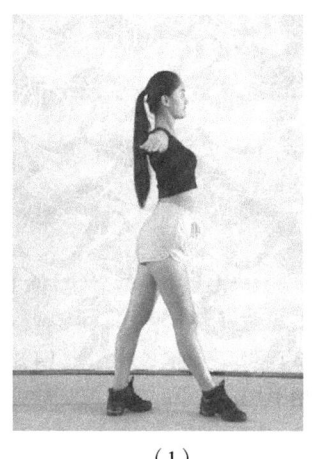
（1）

（2）

图 3-35（1-2 拍）

【3×8 拍】（见图 3-36）1-4 拍：向右侧 45 度迈步吸腿两次，同时 1 拍双臂握拳前冲，拳心向下，2 拍双臂握拳收于腰间，3-4 拍手臂动作同 1-2 拍。

5-8 拍：向左侧 45 度迈步吸腿两次，手臂动作同 1-4 拍。

（1）

（2）

图 3-36（1-2 拍）

【4×8 拍】（见图 3-37）1-4 拍：交叉步，同时第四拍时右脚蹬地左腿侧摆，同时 1 拍双臂握拳前冲，拳心向下，2 拍双臂握拳收于腰间，3 拍双手胸前平屈，4 拍右手侧上举，掌心向外，左手侧平举，掌心向下。

5-8 拍：左脚落地踏步转身 360 度，同时双臂前后摆动。

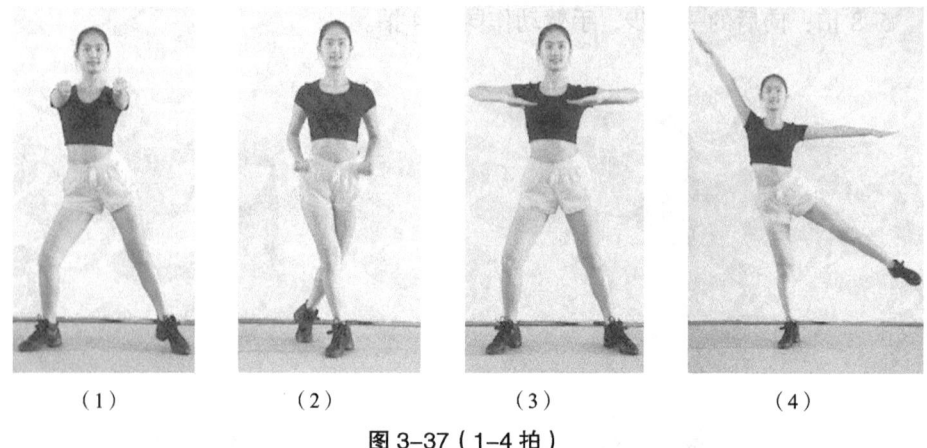

（1）　　　　（2）　　　　（3）　　　　（4）

图 3-37（1-4 拍）

（二）反方向（左脚开始，4×8 拍，同正方向，动作相同，方向相反）

三、组合三

（一）正方向（右脚开始，4×8 拍）

【1×8 拍】（见图 3-38）1-4 拍：右腿向前、向内弹踢腿两次，同时 1 拍右手前平举，左手侧平举，2 拍双手胸前交叉，3-4 拍同 1-2 拍。

5-8 拍：左腿的弹踢，动作同 1-4 拍。

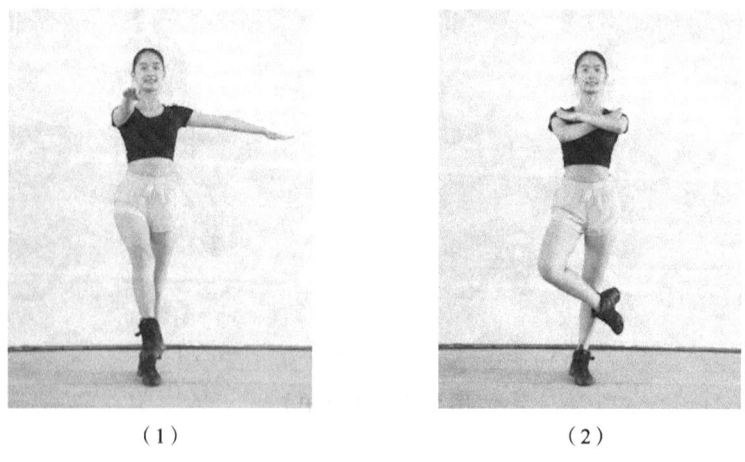

（1）　　　　　　　　（2）

图 3-38（1-2 拍）

【2×8 拍】（见图 3-39）1-4 拍：一拍一动的开合跳，同时双手掐腰。

5-8 拍：两拍一动的开合跳，同时 5 拍双手直臂体前交叉，6 拍双手放于大腿，虎口向内。

 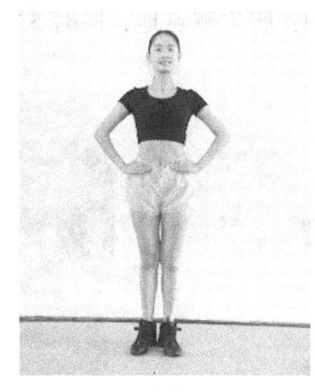

（1） （2）

图 3-39（1-4 拍）

【3×8 拍】（见图 3-40）1-4 拍：向右侧 45 度、左侧 45 度的恰恰步，同时双臂自然摆动。

5-8 拍：与 1-4 拍动作相同，方向相反。

【4×8 拍】（见图 3-41）1-4 拍：交叉步，同时左手掐腰，右手直臂身前画弧。

图 3-40（1-4 拍） 图 3-41（1 拍）

5-8 拍：左脚侧点地两次，过渡到反方向，同时双手掐腰。

（二）反方向（左脚开始，4×8 拍，同正方向，动作相同，方向相反）

四、组合四

（一）正方向（右脚开始，4×8 拍）

【1×8 拍】（见图 3-42）1-4 拍：脚跟点地，同时 1 拍双手握拳胸前平屈，2 拍还原至体侧，3-4 拍同 1-2 拍。

5-8拍：脚尖侧点地，同时5拍双手侧下举，6拍双手还原至体侧，7-8拍同5-6拍。

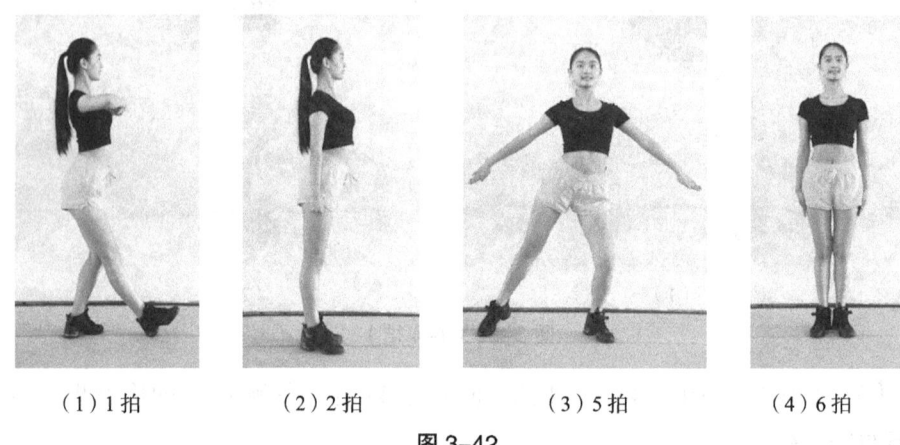

（1）1拍　　　（2）2拍　　　（3）5拍　　　（4）6拍

图3-42

【2×8拍】（见图3-43）1-4拍：上步侧点地，同时1拍双手放体侧，2拍两手上举，3拍胸前平屈，4拍双手侧平举。

5-8拍：踏步转体360度至还原，同时双手自然摆动。

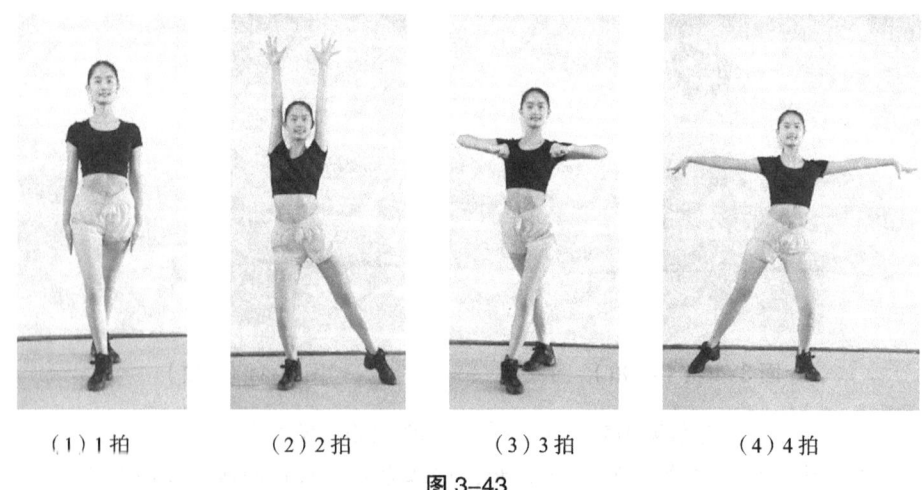

（1）1拍　　　（2）2拍　　　（3）3拍　　　（4）4拍

图3-43

【3×8拍】（见图2-44）1-4拍：摆腿，同时双手掐腰。

5-8拍：分腿半蹲，同时双手掐腰。

（1）1拍　　　　　　　　　　（3）5-6拍

图3-44

【4×8拍】踏步，同时1-4拍双手向上绕，5-8拍双手向下绕。

（二）反方向（左脚开始，4×8拍，同正方向，动作相同，方向相反）

视野拓展

有氧健美操的创编原则

1. 健康性与全面性原则

促进身心的健康发展是有氧健身操的锻炼宗旨。因此，健康性与全面性是有氧健身操创编的基本原则。

健康性原则体现在其练习手段和运动负荷设计都必须建立在运动科学理论基础上，保证练习的健康和安全，避免不合理、有伤害性的动作。套路创编中应以低冲击力和高冲击力交替组合的动作为主，严格避免大量高冲击步法组合的出现。

全面性原则体现在有氧健身操可以使练习者身体各部位得到充分、全面的锻炼。为了达到全面发展的目的，在创编有氧健身操时应根据人体解剖学的特征，在动作部位、路线、方向、幅度、节奏等方面的设计上，使身体各部位关节和肌肉群得到充分、全面的锻炼。创编时还应考虑到人体左右两侧部位肌肉群的均衡发展，保持组合动作的对称性与重复性，使人体匀称、和谐、全面的发展。

2. 针对性原则

不同年龄、性别、职业、身体状况、文化程度的练习者对健美操的内容、强度和接受能力都有所不同。因此在创编时应根据不同对象的生理、心理特点，在操的内容、风格、强度和运动负荷方面有所区别。

例如：少年儿童正处于生长发育阶段，各器官功能不完善，容易兴奋，善于模仿与表现，所以创编少年儿童健美操时，应多选取轻松欢快、活泼形象的动作,既适合儿童的心理特点,又达到锻炼的目的,同时成套时间要短,运动强度必须符合少年儿童阶段的有氧运动指标,在发展有氧能力的基础上,着重培养协调性与灵活性,以及正确的身体姿势。

青少年正处于发育的不断成熟阶段,体力和精力旺盛、充沛。因此,在动作编排时应多选择热烈奔放、健美大方、积极向上、充满活力、富有时代感与艺术性的动作,力求动作幅度大、力度强、速度快、时间长,使其达到明显的锻炼意义。其中男性可以通过持器械和垫上运动来发展肌肉的耐力和力量,女性则选择舒展、优美、大方的舞蹈化动作,来塑造美的形态和高雅的气质。

中老年有氧操在编排上要选择一些简单易学的动作,以低冲击力的组合为主,动作幅度小、速度慢、节奏舒缓,来提高中老年人的心肺功能、关节的灵活与协调性。

3. 科学性原则

科学性原则主要体现在创编有氧操应遵循科学合理运动负荷和合理的成套结构。首先,运动负荷应符合人体运动合理的生理曲线,应遵循由小到大、由弱到强的规律。科学有效的健身操套路应包括准备、基本、结束三个部分:其中准备部分应以拉伸、无冲击力步法和呼吸练习为主,动作速度慢,目的是起到热身作用,为基本的有氧操部分做准备,预防运动损伤的发生;基本部分的练习应以低冲击力和高冲击力步法相结合为主,配合多种手臂动作和身体不同方向的变化,目的是使练习者在有氧代谢的情况下,身体各部位得到锻炼,消耗多余脂肪,塑造健美形体;结束部分目的主要是放松肌肉群,消除疲劳,以拉伸和舒缓的动作为主,音乐优雅。

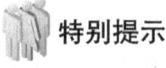 **特别提示**

健美操锻炼方案设计

健美操锻炼方案设计的合理性强弱,直接影响到健美操锻炼的进程与健身效果。不同水平健美操锻炼者对运动负荷与锻炼频度的要求是不一样的。以下是一套初级水平健美操锻炼方案,为学生能更好、更有效地进行健美操锻炼,达到健身美体的效果做参考。

初级水平健美操锻炼方案范例:

1. 锻炼时间:每次锻炼的时间为 60~90 分钟

2. 锻炼的频度:每周锻炼 3 次

3. 锻炼的目标与具体任务

(1) 掌握健美操的基本动作技术要领。

（2）熟悉健美操的音乐节奏。
（3）提高身体素质，纠正不良体态，塑造形体美。
（4）培养健身兴趣，愉悦身心。

4. 健美操锻炼的内容及运动负荷分布表

结构组成	运动内容	运动时间	注意事项
热身部分	动作以拉伸、踏步、弹动、能充分活动身体的动作为主，包括头、肩、胸、髋等身体基本部位的练习，要求呼吸练习与动作练习相结合	10~20 分钟	难度较小，音乐节奏较慢，动作速度不要过快，强度不要太大，达到热身的目的
基本部分	以低冲击力和无冲击力组合为主，高潮部分加有少量的高冲击力步法组合	40~50 分钟	选择简单的步法组合，动作幅度由小变大，强度由小变大，高冲击力步法组合安排时间不要太长，达到燃脂塑身的目的
放松部分	以拉伸和缓慢的动作为主	10~20 分钟	动作舒展，运动强度小，达到放松肌群、消除疲劳的目的

任务评价表

序号	任务内容	任务要求	自我评价	备注
1	健美操的编排原则	能够举例说明健美操编排的原则		
2	健美操组合训练的设计	能够科学地设计一套健美操训练套路		

项目关键词

健美操、基本动作、组合训练

 课后练习

1. 试谈健美操的特点。
2. 试谈健美操与形体训练的关系。
3. 跟着音乐熟练进行身体各部位基本动作与基本步法的练习。
4. 根据已掌握的健美操知识，创编一套适合自身锻炼的健美操组合。

项目四　形体与瑜伽

项目概览

瑜伽是一门历经数千年，把人的身、心、灵和道德的健康融为一体的实用性科学。瑜伽也是塑造形体的重要方式之一。本项目带领大家走进瑜伽，了解瑜伽的起源、发展历程、各大体系以及经典的奥妙。熟知瑜伽练习体系的基本构成。推荐瑜伽练习组合，方便进行科学、系统、规范化的训练。培养旅游专业学生对于古老、经典的瑜伽练习的兴趣，为保持优美体态、健康心灵及道德建设打下扎实基础，进而达到养身、养息、养心的目标。

学习目标

（1）了解瑜伽基本知识，掌握瑜伽课程的基本构成。

（2）掌握瑜伽的部分经典坐姿、瑜伽常用手印，以及瑜伽练习组合的基本技术和练习要领。

（3）调节呼吸形态、纠正不良体态、提升外形气质和形体的表现力。

任务一　瑜伽概述

任务描述

本任务通过对瑜伽概述的学习，了解瑜伽的相关知识。熟知瑜伽的概念；了解瑜伽的起源与发展；了解瑜伽练习的阶段、体系和经典著作。熟知瑜伽的基本功效和练习的注意事项。对瑜伽学科有全面认知并为后面瑜伽知识和技能的深入学习打下良好的基础。

相关知识

一、瑜伽简介

(一) 瑜伽的概念

瑜伽，源于梵文音译，最初的意思是驾驭牛马，它是自我和原始动因的结合，也代表设想帮助达到最高目的的某些实践或是修炼。在古圣贤帕坦珈利所著的《瑜伽经》中，准确的定义为：对心作用的控制，有结合、联系、连接之意，即把精神、智慧和肉体完美结合起来，这也是瑜伽的宗旨和目的，即达到冥想而集中意识之义。可究竟是什么同什么"结合"呢？其实瑜伽是指人类本能从较低到较高的"结合"或从较高到较低的"结合"或"同自我结合"，同时也意味着与最高的宇宙万物相同化，使自己从痛苦和灾难中获得解脱，并唤醒内在沉睡的能量，得到最高开悟和最大愉悦。

(二) 瑜伽的起源与发展

1. 瑜伽的起源

瑜伽起源于印度，距今有五千多年的历史，被人们称为"世界的瑰宝"。考古学家曾在印度河流域发掘到一件保存完好的陶器，上面描画着瑜伽人物做冥想时的形态，这件陶器距今至少已有五千多年的历史。瑜伽发源于印度北部的喜马拉雅山麓地带，古印度瑜伽修行者在大自然中修炼身心时，无意中发现各种动物与植物天生具有治疗、放松、睡眠，或保持清醒的方法，患病时能不经任何治疗而自然痊愈。于是古印度瑜伽修行者根据动物的姿势观察、模仿并亲自体验，创立出一系列有益身心的锻炼系统，也就是体位法。这些姿势历经五千多年的锤炼，让世世代代的人从中获益。

2. 瑜伽的发展

现代学者将瑜伽的发展分为四个时期：

（1）前古典时期：由公元前 5000 年开始，直到《梨俱吠陀》的出现为止，约有 3000 多年的时间，是瑜伽原始发展、缺少文字记载的时期，瑜伽由一个原始的哲学思想逐渐发展成为修行的法门，其中的静坐、冥想及苦行是瑜伽修行的中心。

（2）古典时期：由公元前 1500 年《吠陀经》笼统地记载下来，也是关于瑜伽的最早记载。到《奥义书》明确地记载瑜伽，再到《薄伽梵歌》出现，完成了瑜伽行法与吠檀多哲学的合一，使瑜伽这一民间的灵修实践变为正统，由强调行法到行为、信仰、知识三者并行不悖。大约在公元前 300 年时，印度大圣哲帕坦伽利（英文：Patanjali）创作了《瑜伽经》，在《瑜伽经》中阐明了使身体健康、精神充实的修炼课程，这门课程被其系统化和规范化，构成当代瑜伽修炼的基础。帕坦伽利提出的哲学原理被公认为是通往瑜伽精神境界的里程碑。印度瑜伽在其基础上真正成形，瑜伽行法被正式订为完整的八支体系。帕坦伽利被尊为瑜伽之祖。

瑜伽之祖帕坦伽利，一般认为他诞生于公元前约200~500年的印度拉尔（Ra'r'h）地区。传说中，帕坦伽利的母亲哥妮卡（Gonika'）是个饱学的瑜伽行者，她一直希望将所学传给一位贤能之士但未能如愿。哥妮卡想到她的生命所剩无几，就向太阳神祈求，希望可以赐给她一位所寻觅的贤者。她双手捧水闭眼向太阳神祷告，正当她要献水给太阳神时，她睁眼看到手中有一条小蛇，小蛇瞬间化成人形，向她说："我想做你的孩子。"哥妮卡答应了，并为他取名Patanjali。Pat的意思是掉落，anjali的意思是双手合十，因为帕坦伽利就像由天上掉落至她手中的人，所以就取名为Patanjali（印度文：पतंजलि）。传说中帕坦伽利是蛇神Adisesa为了撰写大法和献身神圣之舞，在主湿婆（Shiva）的祝福下转世人间成为瑜伽之祖的。

（3）后古典时期：《瑜伽经》以后，为后古典瑜伽。主要成果包括"瑜伽奥义书"、密教和诃陀瑜伽。"瑜伽奥义书"有二十一部，在这些"奥义书"中，纯粹认知、推理甚至冥想都不是达到解脱的唯一方法，人们有必要经历通过苦行的修炼技术所导致的生理转化和精神体会，才能达到梵我合一的境地。因此，产生了节食、禁欲，体位法，七轮等，加上咒语、手印身印尚师之结合，成为后古典时期瑜伽的精华。

（4）瑜伽的现代发展：瑜伽发展到了今天，已经成为在世界广泛传播的一项身心锻炼修习法。从印度传至欧美、亚太、非洲等地，因为它对心理的减压以及对生理的保健等作用明显而备受推崇。同时不断演变出了各式各样的瑜伽分支方法，比如热瑜伽、哈他瑜伽、高温瑜伽、养生瑜伽等，以及一些瑜伽管理科学。

在现代，也产生了一些在全球具有广泛影响力的瑜伽大师，例如室利·阿罗频多、辨喜、艾扬格、斯瓦米·兰德福、张蕙兰等。不可否认，历史悠久的瑜伽将会更加受到各界人士的喜爱。由斯瓦米·兰德福担任首席大师的印度帕坦伽利瑜伽学院有限公司是当今世界上历史传承最悠久、最权威的瑜伽学院和瑜伽教练资质等级评定认证机构。

二、瑜伽的八支分法

古代印度先哲瑜伽修行者帕坦伽利把瑜伽方法归列为八分支：

禁制（Yama），是指遵守宇宙的道德戒律。

内制（Niyama），通过自律进行自我净化。

体位（Asana），体位带来肢体的稳定、健康和轻盈。

调息（Pranayama），即呼吸控制。

制感（Pratyahara），精神从感觉和外部事物的奴役中解脱。

专注（Dharana），专注于一点或全身心投入到一项任务中。

冥想（Dhyana），通过冥想的练习而得到精神的觉悟。

三摩地（Samadhi），即入定，身体和感官都处于休息之中，如睡着一样，而精神和理智则保持警醒，超越了一般的意识状态（超然忘我）。

八支分法可以划分为三大阶段：

第一，向外寻求阶段：禁制（Yama）和内制（Niyama）控制瑜伽修行者的情感和激情。体位（Asana）使瑜伽修行者身体健壮，与自然和谐共处，最终从身体的意识中解脱出来，把它训练成灵魂的最佳载体。

第二，向内寻求阶段：呼吸控制（Pranayama）和制感（Pratyahara）使瑜伽修行者能控制自己的呼吸，从而控制自己的精神。使感官从欲望的奴役中解脱出来。

第三，灵魂寻求阶段：专注（Dharana）、冥想（Dhyana）和入定（Samadhi）就是把修行者带入到自身灵魂的最隐蔽处。瑜伽修行者从不去天国寻求神，神就在他的内心，也就是内在自我。

三、瑜伽体系

作为修行和练功方法的瑜伽，体系很多。在这些瑜伽体系中，强调不同的练习方法。部分体系练起来偏重健身，而另外一些部分偏重心灵和精神，还有一些使练习者身心两方面受益。其中主要的体系有王瑜伽（Raja），哈达瑜伽（Hatha），智瑜伽（Jnana），爱心瑜伽（Bhaki），冥想瑜伽（Mantra）等。目前，比较注重生理效果的哈达瑜伽已成为世界流行的主流，尤以印度大师B.K.S.Iyengar的派别最为人推崇，另外，较早出现的王瑜伽是另一种重要流派，它与哈达瑜伽的不同之处在于它较注重心灵修炼。

四、瑜伽经典

瑜伽修行博大精深，说到瑜伽经典，大家往往见仁见智。根据瑜伽练习者的习练程度，推荐瑜伽二蒙、一经、一典、一论。

对于初学者：艾扬格（Iyengar）的《瑜伽之光》不可不读。该书被喻为瑜伽圣经，是当代瑜伽史上里程碑式的经典著作。艾扬格是2014年离世的全世界最伟大的瑜伽导师，在西方享有盛誉。以他的名字命名的艾扬格瑜伽被看作是当今世界最为广泛练习的一种瑜伽。2004年艾扬格被美国《时代》杂志评为100位最具影响的人物之一。美国著名的《瑜伽》杂志在介绍他时写道："如果没有艾扬格的卓越贡献，尤其是他对每一个瑜伽体式细节精确细致而系统的要求，对瑜伽治疗的研究和他所培养的严格的瑜伽培训体系，我们现在的瑜伽世界将难以想象。"

习练瑜伽一段时间后，推荐研读的是柏忠言/张蕙兰合著的《瑜伽：气功与冥想》。该书出版于1986年，是国内瑜伽领域的拓荒之作。蕙兰被称为当代中国的"瑜伽之母"，对瑜伽在中国的推广和普及贡献巨大。中国的瑜伽教练和普通练习者广受蕙兰老师的福泽，柏忠言是蕙兰的导师。

对于有一定基础的学员，推荐研习瑜伽一经：《瑜伽经》。《瑜伽经》是印度历史上第一部专门论述瑜伽修行的经典，它的许多内容与佛教的禅或禅定保持一致。帕坦伽利的伟大在于他不加偏见地系统整理了当时流行的各种宗派，又结合了古典数论的哲学体系，从而使瑜伽为印度正派哲学所承认，瑜伽也因此影响了印度的各种哲学而取得了印度文明的核心地位。

中等程度的学员，推荐研习瑜伽一典：《薄伽梵歌》。该书诞生于公元3世纪，是印度两大史诗之一《摩诃婆罗多》的一部分。书中通过战场上的问答，阐明一个庞大完整的哲学修证体系，成为印度古典瑜伽系统化的开端。其主旨是阐明奉爱瑜伽对于超然解脱的重要意义，为此而涉及对其他种种瑜伽理念（比如轮回与解脱、智慧瑜伽、行动瑜伽、思辨瑜伽与神定瑜伽，绝对真理三音om、tat、sat等）的归纳与评析，最终归结到对纯粹奉爱瑜伽和奎师那知觉运动的推崇与倡导。《薄伽梵歌》被称为印度哲学的神圣之书。

中等程度以上的瑜伽修行者，建议研习瑜伽一论：《瑜伽师地论》。冥想在瑜伽中的地位至关重要，但原理极其深奥，训练方法十分复杂。而古典瑜伽在演进中，对于冥想部分只重口碑相传，文字表述甚稀，"瑜伽经典"书籍《韦达诸经》《奥义书》和《薄伽梵歌》中多有理念涉及，《瑜伽经》对其体系与次第作了大致归纳，但在具体的修习与训练方法上并未展开。因此，即便是在印度正宗的古典瑜伽时代，冥想的体系与方法也并无太多的文字保留给后人。欲探究瑜伽冥想的真义和修行方法，《瑜伽师地论》是不二的选择。

《瑜伽师地论》弥勒讲，无著记，玄奘译。系印度瑜伽行派的基础性论书，也是早期大乘佛教修正体系的奠基作品。无论对印度还是中国，无论是对瑜伽教义的阐释还是对实际修习的指导，都起到了无可替代的伟大作用。

五、瑜伽的功效

作为一种非常古老的能量知识修炼方法,"瑜伽"并非只是一套流行或时髦的健身运动这么简单,瑜伽有其特殊的功效。

(一) 生理功能

(1) 瑜伽能加速新陈代谢,去除体内废物,促进调理养颜,达成形体修复。轻盈体态,优雅气质,提升人内外在的形象气质。

(2) 瑜伽能增强身体力量和肌体弹性,使四肢均衡发展;能预防和治疗各种身心相关的疾病,如对背痛、头痛、关节痛、失眠、消化系统紊乱、痛经等都有显著疗效。

(3) 瑜伽能提高免疫力,增加疾病抵抗力,促进血液循环,修复受损组织,使身体组织得到充分的营养。

(二) 心理功能

(1) 瑜伽能调节身心系统,改善血液环境,促进内分泌平衡,使内在充满能量。如:瑜伽能消除烦恼,减压养心,释放身心,达到修身养性的目的;瑜伽能集中注意力,通过最佳的锻炼法和休息术提高习练人群的学习及工作效率。

(2) 瑜伽能让人跳出心灵的束缚,从而更好地回归角色,并坦然迎接生活中的一切挑战。

(3) 瑜伽能促进心智情绪的改善。由于瑜伽使包括脑部在内的腺体神经系统产生回春效果,心智情绪自然会呈现积极状态,它使你更有自信、更为热诚,而且更为乐观,每天的生活也会变得更有创意。

视野拓展

世界名人与瑜伽的故事

在美国,有几千万人练习瑜伽,3/4 的健身房设立瑜伽课程。美国《时代》杂志更以瑜伽作为封面,大篇幅介绍席卷全美大陆的这股健康风潮。从中国到外国,明星们可以说是瑜伽发烧友队伍中最为壮大的一支,明星们对容颜体形的追求和对精神压力的排解,都需要瑜伽来帮忙,因而勤练瑜伽保持青春不老。韩国前总统卢武铉曾向外界披露他的养生之道,就是作息规律和每天坚持练习瑜伽。其实许多名人也对瑜伽健身情有独钟。60 多岁的摇滚诗人史汀,在新作品中展现了勤练瑜伽多年形成的结实身材。60 岁的流行音乐教主麦当娜,则公开示范高难度的瑜伽动作。

名模出身的黄佩霞更是瑜伽习练的典范,她创办的"Pure Yoga"瑜伽馆在业界闻名遐迩。钟丽缇可是不折不扣的瑜伽狂人,瑜伽不仅改善她的睡眠并减肥瘦身,还丰富了肢体语言的表现力,让她举手投足都充满魅力。钟丽缇如今拥有88-56-88的三围和49公斤的体重,被时尚界誉为"拥有如维纳斯一样性感的躯体,是亚洲女性的出色样本"。孙俪称自己是纤瘦却不羸弱的女孩,但长期紧张的工作状态让她感觉疲惫,瑜伽为她找到了身心平衡的方法。她说:瑜伽能让我更平和一些。虽然我仍然坚持做一件事情就一定把它做好,但不会再苛刻地看待自己和工作。

源自五千多年前的印度古国,动作缓慢优雅、讲求身心灵平衡的瑜伽,已成为全世界最流行的健康新风潮。包含静坐、冥想、呼吸和肢体伸展的瑜伽,可以让人在繁忙、快节奏的现实世界中,放慢脚步,重新体验身体与心灵的奥秘。

任务评价表

序号	任务内容	任务要求	自我评价	备注
1	认识瑜伽	了解瑜伽的概念、起源和发展		
2	瑜伽八支分法	理解八支内涵和三大阶段		
3	瑜伽体系	说出瑜伽主要体系		
4	瑜伽经典	说出瑜伽的二蒙、一经、一典、一论		
5	瑜伽功效	了解瑜伽的主要生理和心理功效		
6	认识自我	认识自我,建立起瑜伽练习的兴趣和信心		

任务二 瑜伽的基本构成

任务描述

本任务通过对瑜伽基本构成的学习,使学生了解瑜伽学科的结构和内涵,熟知瑜伽构成六大要素,了解并掌握瑜伽体位、瑜伽呼吸、瑜伽放松、瑜伽冥想、瑜伽饮食和瑜伽生活的基本知识和内涵。通过呼吸法、放松术、冥想的初练习,体验瑜伽的博大精深和无限内涵,培养学生注重身体和心灵体验,进而激发学习和练习的兴趣和积极性,为深入学习和探究打下基础。

相关知识

当今，瑜伽已被视为一种科学，也是一种运动、修炼的方法。它有多个分支体系，每个分支都有其特点。但是大多数瑜伽分支所遵循的基本原则是相同的，瑜伽的基本构成大体包括体位、呼吸、放松、冥想、饮食与瑜伽生活六要素。

一、瑜伽体位法（动作、姿势）

（一）瑜伽体位法的由来

几千年前，瑜伽行者在喜马拉雅山的森林中冥想、静坐时，偶尔观察野生动物，并且分享它们美妙的姿势，以打发他们独居的时间。经过深刻的观察，他们察觉到大自然孕育、教导动物保有健康、灵敏、警觉的技巧，同时让各种动物天生具有治疗自己、放松自己、睡眠或保持清醒的方法。这些古时候的瑜伽修行者根据这些动物的姿势亲身做实验，发现对身体有很大的益处，然后经过深刻的观察和判断，终于创造了一系列身体锻炼的系统，我们称之为 Asana，亦即瑜伽体位法。

瑜伽 Asana 的意思是在舒适的动作上维持一段时间，在缓慢的动作中，身体保持放松和做深沉的呼吸，使得血液很自然地能够携带大量氧气并且吸收。瑜伽 Asana 影响身体各个层面，它们活络肌肉和神经系统，强壮僵硬的韧带与肌腱，使关节灵敏并且按摩内部组织。

（二）瑜伽体位法的作用

1. 增强身体力量，产生身体能量

瑜伽体位法借助一些体姿练习，通过维持和控制，增强身体力量，产生日常生活所需之能量。使身体柔软，缓解背部、关节和肌肉疼痛，放松僵硬的肌肉，降低压力水平，提高身体的敏感度。

2. 调节激素的分泌

瑜伽行者有一项很重要的发现，即身体错综复杂的协调功能，是由腺体系统来指挥的，这些分泌的化学物质，现代的科学家称之为激素。激素对身体产生很大的影响，如影响生长、消化、精力、情绪等，譬如甲状腺分泌过多的甲状腺素，会使很正常的人紧张与暴躁。通过瑜伽体位的练习，能刺激内分泌腺体，使其正常活动，更调节激素分泌，改善身体状况。

3. 调整内在习性，帮助心灵宁静、集中

瑜伽生理学描述人类有五十种心理倾向、习性，像害怕、害羞、生气等，都是由沿着脊椎到头顶的七个脉丛结所控制和影响的。只要我们锻炼、调整腺体的分泌，就能控制习性及心理的平衡，也就使心灵变得宁静、平和与集中。

4. 帮助静坐、开启心灵

身体是心灵的最外层，瑜伽体位法带领习练者探索内在心灵。瑜伽静坐及体位练习不断净化和强化身体,使身心灵全力前进以达到宇宙意识合一。

(三) 瑜伽的常用体位分类

原始社会,人们群居生活,以狩猎为生,在这个过程中人们参照万物生灵的特征创造出很多静态姿势,犹如中国古代著名的华佗五禽戏。在《哈他瑜伽导论》中,只出现了84个体位,而今流传的姿势据说多达840万个。将这些动作按照其特点进行分类,可分为:

(1) 模仿动植物的姿势,如蛇式、猫式、犬式、虎式、树式等;
(2) 模仿人文景观的姿势,如摩天式、天线式、幻椅式、飞机式等;
(3) 模仿体育项目的姿势,如跳水式等;
(4) 模仿生活中动作的姿势,如手臂伸展式、磨豆式等;
(5) 以印度各神的名字命名的姿势,如克尔史娜式、韦氏奴式、哈奴曼式等。

二、瑜伽呼吸法

生命离不开呼吸这一不断交替的作用,呼吸直接影响生命的活力,呼吸习惯和呼吸方式可以增加也可以减少人体的能量储备,瑜伽体系将呼吸作为一个基本的组成部分。

普拉那雅玛(Pranayama),即调息。普拉那指呼吸的气息,也指生命之气,即生命的能量,雅玛的意思是控制。普拉那这条纽带的一端连着心灵,而另一端连着呼吸,通过这样的联系方式,心灵、普拉那和呼吸三者互相影响。因此控制三者之一,也就能控制其余两者。

(一) 瑜伽呼吸法的作用

瑜伽呼吸法的目的,是通过各种不同的呼吸方法,有效地按摩内脏,刺激各生理腺体的良性分泌,激活脉、轮的潜在力量,更好地清理洁净身体,由此,为更高级的精神修养和灵性的开发奠定基础。

1. 让身体更平静

瑜伽呼吸可以镇定神经,集中思想,使心情平静,产生内心的宁静感,使身体和心灵得到充分的放松,心灵变得更清澈、更警醒。

2. 按摩内脏,强健器官

腹式呼吸是使用腹部作为动能来带动肺部进行呼吸的呼吸方式,而在这种呼吸方式进行的同时,它温和地按摩胸部、腹部内的器官,使我们的腹部脏器也得到了很好的按摩,增强脏器功能。

3. 减轻心肺压力,增大肺活量

胸式呼吸是让胸腔、肋骨、肺部产生横向甚至向上的扩张,腹式呼吸是用腹腔带动肺向下扩张。由于腹式呼吸所能扩张的长度大,其扩张幅度自然也大很多。瑜伽倡导的呼吸是动用整个肺进行呼吸，通过肺吸入充足的宇宙能量供给身体，促进心脏血液循环并且通过血流将能量送至身体的各部，所以腹式呼吸可以让我们获得更多的氧分。

（二）瑜伽呼吸法的主要类型

按部位瑜伽呼吸法基本可分为腹式呼吸、胸式呼吸和腹胸式完全呼吸，还有单鼻孔清理经络呼吸等。

1. 瑜伽呼吸法之腹式呼吸

腹式呼吸，即以肺的底部进行呼吸，感觉只是腹部在鼓动，胸部相对不动。

（1）动作要领：仰卧，两手的拇指和食指做出三角状，放在肚脐中心位置。把手放在腹部上，两鼻孔慢慢地吸气，放松腹部，感觉空气被吸向腹部，手能感觉到腹部越抬越高，实际上横膈膜下降，将空气压入腹部底层。吐气时，慢慢收缩腹部肌肉，横膈膜上升，将空气排出肺部。吐气的时间是吸气时间的2倍。

（2）功效：腹式呼吸是基本的呼吸法。缓慢有意识地用腹肌呼吸，把手放在腹部，可以感觉到腹部的运动，集中意识，手中能量可传达到腹部。

2. 瑜伽呼吸法之胸式呼吸

胸式呼吸，即以肺的中上部分进行呼吸，感觉是胸部在张缩鼓动，腹部相对不动。

（1）动作要领：挺直腰背坐着，闭嘴。从两鼻孔中有力而短促地呼出气体。就如从蒸汽机里发出声音一样，自然地吸气，以1秒1次来呼气。胸式呼吸时，不要让腹部扩张，应让胸部区域扩张，腹部保持平坦。

（2）功效：是使头部清晰、使身体活性化的一种呼吸法。

3. 瑜伽呼吸法之完全式呼吸

完全式的呼吸，集合胸、腹式呼吸法为一体，也称模膈膜呼吸法。它能使肺活量增大，血液得到净化，身体的活力和耐力有所增加。同时使腹部、胸部乃至全身都在起伏收缩，起到调节全身器官的作用。完全呼吸法每次做要重复5~10次。完全瑜伽呼吸法包括呼气、吸气和屏息。

（1）动作要领：首先采用一种放松的姿势坐或站，脊柱和头部保持垂直地面，双臂自然下垂或放在腿上。开始时缓慢呼气，用收缩腹部的肌肉和收缩肋骨的方法把气体赶出腹腔，直到气体呼尽为止。然后进入止息阶段，在腹腔和胸腔完全凹陷的同时停止呼吸，保持大约2~3秒钟。之后进入吸气阶段，与呼气截然相反。先放松肋骨，让气体缓慢地充满胸腔，尽量吸气使胸膛扩张到最大的程度，继续轻轻吸气，缓缓地放松腹部，腹部渐渐鼓起，完成一个完全式瑜伽呼吸的过程。

（2）功效：有助于提升人体的生命之气；由于增加了氧气供应，血液得到净化，肺部组织更强，从而增强了对感冒、支气管炎、哮喘和其他呼吸疾病的抵抗力，胸隔膜和横隔膜都得到发展和增强。

三、瑜伽放松术

瑜伽放松术是古老瑜伽中的一种颇具效果的放松艺术。瑜伽把放松练习作为一个基本的组成部分，因为放松姿势有利于身体吸收瑜伽动作中所释放的能量。但这种休息与一般意义上的睡眠有着根本的不同。在整个练习过程中，需要完全集中意识且放松身体而让其休息。15分钟左右的瑜伽放松术就能使人恢复精力。在瑜伽课程中，每个动作间以及课程结束部分都会加入放松术，这有助于练习者肌体和精神的超量恢复。

（一）瑜伽放松术的作用

（1）瑜伽放松术有助于缓解肌肉紧张，平缓呼吸，镇定思维，提升感知能力。

（2）瑜伽放松术有助于缓解压力和神经紧张，使能量流入身体，并在体内循环，恢复体力和促进全面的健康。

（3）放松体式对身体的主要器官有很多益处，使血液聚集，为部分器官提供充足的养分，进而补养身体机能。

（二）瑜伽放松术的常用体式

1. 瑜伽放松术之仰卧放松功

（1）动作要领：贴地仰卧，头上的发饰要解开，不要影响颈部的放置。下巴微收回一点，颈项后侧拉伸靠近地面。手臂放在身体两侧斜向下，掌心朝上。腰骶展开，臀部稍向外移动，大腿、膝盖和双脚都微微地外翻，自然地让全身下沉。闭上双眼，放松全身，平静而自然地呼吸。

（2）功效：仰卧放松功是一个非常容易让人松弛的姿势。它让呼吸缓慢顺畅，安抚神经，平静心灵，全身的能力得到恢复，身体产生和谐的感受，因此对于治疗失眠、神经衰弱、身体机能紊乱等病症都是十分有益的。仰卧放松功还是高血压、心脏病和癌症患者非常适合的练习方法。

2. 瑜伽放松术之俯卧放松功

（1）动作要领：俯卧地面，手臂向前伸出去，头部轻轻偏向侧面，不要枕在手臂上，但可以轻轻地依靠手臂的侧面。整个躯干放松，下肢可以分为两种方法放置：一种是双脚并拢，然后脚尖不动，脚跟向外翻转，让小腿的外侧下沉；一种是双脚大大地分开，脚跟朝内，脚尖朝外，大腿内侧、膝盖内侧和小腿内测下沉。呼吸的时候感觉腹部和地面有轻轻的挤压感。放松的时候，颈项转到相反一边。

（2）功效：俯卧放松功也给人以全面的休息的感受。它伸展了肩背，有助于消除颈部的僵硬梗直，治疗落枕。含胸驼背、腰椎有疾患的人群适合用这个体式来放松。同时，有研究显示，缺乏心理安全感的人，更偏好这个放松的体式。

3. 瑜伽放松术之婴儿式放松功

（1）动作要领：婴儿式是模仿胎儿在子宫中的姿势。金刚坐姿，吸气，脊柱向上延伸，保持脊柱垂直地面，呼气，收缩腹部肌肉，放松背部肌肉和整个脊柱，上身自腰部前弯向下，胸部、腹部贴向大腿，放松颈部后侧肌肉，前额轻轻点地，双肩自然下沉，两肩胛骨向两侧推动，继续将双肩略微内旋同时远离。耳朵，双手掌心向上，手肘微屈，手指放松，垂放于小腿外侧，闭上双眼，将头转向一侧，用额头侧面着地，臀部尽量往脚后跟贴，将意识集中在整个后背的放松，特别是下腰部和腰骶部的松弛，全身放松。

（2）功效：放松整个脊柱，特别是腰部，让神经系统安静，适合用于在练习体式过程中对身体的恢复。

四、冥想

冥想是瑜伽中最珍贵的一项技法，是实现入定的途径。一切真实无讹的瑜伽冥想术的最终目的都在于把人引导到解脱的境界。习瑜伽者通过瑜伽冥想来制服心灵（心思意念），并超脱物质欲念。感受到和原始动因（The Original Cause，万源之源）直接沟通。瑜伽冥想的真义是把心、意、灵完全专注在原始动因之中。

（一）冥想的三阶段

凝神、入定、三摩地是瑜伽冥想的三阶段。《瑜伽经》中曾对冥想下过这样的定义："凝神就是将心集中在身体的灵性意识中枢内，或体内、体外的某种神圣形式上；入定是流向专注对象的连续的意识流；三昧（三摩地）是在冥想中，对象的真实本性放出光芒，不再受感知者的心的扭曲，这就是三昧"。

1. 凝神

凝神，又译为"专注"，又称执持、内醒、摄念，是冥想的第一个阶段，这时要求心专注于一处一物，但此处此物，已不是调息调心阶段的体外一物或体内某一点，而是意识之内的某一影像。《瑜伽经》对凝神的阐释为："把心集中在身体的灵性意识中枢内，或体内、体外的某种神圣形式上。"

2. 入定

入定又称静虑、冥想或禅那，为冥想的第二个阶段。入定是对于对象"周流不断的知觉"或曰"连续的意识流"。这里的知觉就是指凝神阶段开始时心系一处的那种意念，就是一直维持着这个境界，不弃不离，莫失莫忘。

3. 三昧

三昧，又称三摩地、等至、等持、心一境性，为瑜伽冥想的第三个阶段。经过长时间专注的静虑，到了三昧时，意守的主体与意守的对象开始合而为一，意识主体对自身的知觉消失，也不再受记忆与自由联想的干扰，思维也趋向于无分别的状态，观注者成为被观注者，以自心观注自心本身而不是关注其他。正如《瑜伽经》所云："当所有精神涣散得以消除并且心注一处时，便进入三昧状态。"三昧是修习瑜伽的最高境界，也是"梵我合一"而消泯了知识、能知、所知"三端"的境界。

（二）冥想的种类

1. 注目凝视冥想

观察某一物体后，把印象刻在眉心，或把心神集中在观察的对象上。如注视近景：盯着眼前玻璃缸中的金鱼冥想，景象反而更加模糊。

2. 意象冥想

借由意象可以更深沉地观察及治疗灵魂。如凝视湖面的天鹅进行冥想，可能它会变成美丽的天鹅，正跳着芭蕾"天鹅湖"。

3. 语音冥想

利用无意义的声音把人的心灵引离各种世俗欲念。如噢姆语音冥想法，"AUM"作为冥想的工具已经诵念了几千年。

4. 沉思冥想

静心感知生命每一瞬间的变化和大千世界的真理，使自己沉浸在抛开万物的真空状态，不再受到外界干扰，获得清晰的思维以及和平安静的内在世界。

5. 呼吸冥想

选择在安静、洁净的有氧环境中呼吸冥想，专注于自身呼吸和意识，直至达到物我两忘，与自然合二为一的境界。

（三）冥想的作用

1. 冥想能深层放松，释放压力

冥想让人的想法不受控制，思绪本身随意飘荡，如水流淌，人的心灵在这个自由自在的漂流过程中，将压力释放掉。

2. 冥想能开放心灵，走出抑郁

在冥想过程中，人的反省能力增强，对事物的看法会随着冥想的深入逐渐清醒或有积极的变化，冥想改变精神状态。

3. 冥想能克制自我，走出自我

冥想可以通过集中意念的方式，反复在内心告诫自己不要把强迫意向转变为实际行动，走出和自我搏斗的怪圈。

4. 冥想能适应社会，平和内心

冥想会以一种较温和的、弹性的方式来适应社会，以平和的心态来对待现实生活和将来的某些事情。

总之，规律的冥想可以使人的头脑变得更清楚，注意力更集中，思考会更有效率。而正念的培养则有助于净化人的思维，使人拥有智慧与内心的宁静。

（四）*冥想的习练及注意事项*

1. 选择合适的冥想地点

进行冥想练习要选择安静或熟悉的环境，若居所不固定或常出差，也可尝试在安静且清洁的地方练习。

2. 选择合适体位

选择瑜伽的冥想坐姿，当然最好是莲花坐、蝴蝶或简易坐，保持胸背挺直，双膝放松，调整呼吸，冥想过程中不要将身体倾斜。

3. 选择合适的冥想方式

在练习开始阶段，可以在冥想导师的指导下进行有选择的练习，先从语音冥想或凝视冥想开始。

4. 冥想时间的掌握

应循序渐进，从几分钟到十几分钟再到几十分钟。好的冥想应控制在二十几分钟或者三十几分钟为宜。如果练习的时间让你感到不舒服，千万要及时停止。另外确保冥想时要有一丝清醒，可以保证在适当的时间让你从冥想状态下苏醒，刚开始可以用声音（振铃或音乐）提示，在练习一段时间之后，你自己将有能力做到收放自如。

5. 有规律地练习

每天都要尝试冥想，一周练习几次，时间可控制在十几分钟到三十分钟。最好在每天的同一时间冥想，这样坚持一段时间后，就会发现自己习惯或渴望冥想练习的到来。

6. 保持正确的动机

不要以为冥想可以使我们获得超凡的能力和神通，否则将使自己步入歧途。真正的冥想能够使自己获得内心长久的平和。因此，要明确冥想动机，那就是获得健康、保持心灵平静和意识清晰以及神经过滤和最终成长。

7. 视冥想为一生的课程

冥想是连接自我与宇宙使之达到融洽的桥梁和途径，不可能一朝一夕就能达到它的最高境界。在学习瑜伽的过程当中，发现效果没有你期望的好，也不要轻易放弃。冥想是人类的最高智慧，你的付出终将得到回报。

8. 将冥想与生活联结

瑜伽是一种生活方式，而冥想则是生活和生命的感悟。我们要运用生活中的经历对冥想练习方法进行对应和感悟。这样，在冥想中获得的净化和顿悟才有意义。在冥想过程中，常会有一些重要的感悟，你需要将这些得到的知识和信息运用到你的日常生活中,这样你的冥想练习才会有更大的进步。

五、瑜伽的饮食

瑜伽的饮食观要追溯到《吠陀经》时期,当时的饮食基本理念是:食品的种类、质量和饮食方式方法,不仅直接影响人的机体,还影响人的精神状况。在《薄伽梵歌》中奎师那教导阿朱那时曾说:"你应该吃可以给你长寿和健康的食物,可以让你意识纯洁且坚定的食物,同时这些食物是建立在爱的基础上而不去伤害其他的物种。"

瑜伽提倡简单、天然的饮食方式,瑜伽修习者最为推崇的食物就是素食。素食的能量直接来自于水、空气、阳光等自然元素,比较纯净且容易被人体消化和吸收;素食对心灵的净化和思想的平静也有很大帮助。

(一)食物的分类

印度瑜伽圣哲将食物分成三类:

(1)悦性食物:如各类蔬菜、新鲜水果、谷物、豆类、牛奶等,这类食物使人身心轻松、纯净,性情平和。经常进食能益寿延年,净化心灵,赠予人力量、健康、快乐和满足。

(2)变性食物:即用各种刺激性强的调味品烹制的食物。如过量加入盐、味精、辣椒等调味品的食物就变成变性食物,食用它们就会变得性情暴躁,缺乏耐心,身心遭受极大的压力。

(3)惰性食物:包括肉食和刺激性强的食物,如酒、咖啡和煎、烤、炸的食物,这类食物容易使人发胖,性情变得忧郁、烦躁不安。

(二)瑜伽倡导的饮食习惯

1. 多吃悦性食物,少吃变性食物,不吃惰性食物

2. 强调细嚼慢咽

在一般情况下,只有一个原则:一口食物要保证咀嚼12次以上,一定要把食物嚼烂再咽下去。细嚼慢咽能更充分地吸收养分和能量,足够的唾液能很好地与食物混合在一起,帮助肠胃消化营养物质。

3. 就寝前两个小时不要进食

就寝数小时前进食,食物可以在体内充分消化,胃部负担减轻,有助于良好的睡眠和休息,减少患肠胃病的风险。

4. 不过多地使用调味料

烹饪食品时不放入过量的盐、辣椒、胡椒或是其他的植物香料和经过加工的变质香料,这些东西使得食物的味道过于强烈,会对感觉器官造成巨大的伤害,并使消化系统产生过多的压力。

5. 多喝水

每天都喝掉大约 10~15 杯的清水。大量地喝水可以清洗体内一天中产生的毒素，保持肌体的水分平衡，但在吃饭时千万不要喝水或是饮料。

六、瑜伽生活

瑜伽来自印度古代的传统，但它也是现代的、科学的。现在人们通过独一无二的方式不断地改编古代的姿势，使它们更具特色，与当代快节奏的世界步调一致，与时俱进。通过对组合动作、呼吸，以及技巧加以改变，来适应现代人的需求。

1. 瑜伽是保持身体灵活和精力充沛的好方法

很多人由于工作压力大，每周工作时间长，而且经常要站着工作，最后得了严重的关节炎及椎间盘疾病，经过练习瑜伽后得到康复和根治。

2. 瑜伽是安全的健身方式，科学练习不会对身体造成伤害

瑜伽是极其温和的锻炼方法，它的姿势很容易适应个人的需求，并且在练习中我们会经常做一些放松膝、肘等关节的运动，所以拉伤、扭伤和其他伤害很少发生。它也是极好的热身方式或运动后的调理方式。

3. 瑜伽练习适合于任何地方、任何时间

4. 瑜伽能够使人变得更放松、更专注

练习瑜伽可以帮助你更好地处理其他事情，会让你变得轻松、平静而有力量，使你面对压力和问题时更容易集中注意力，帮你化解可能限制你能力发挥的各种因素，从而把精力放在你正注意的地方。

5. 瑜伽能帮你变得更敏感，更明智

瑜伽可以帮你更多地感知周围的世界，对自己的身体更敏感。一片树叶可以在你看来更有生气，更加色彩丰富；同样，一首乐曲能使你听到比以前更多的内容和内涵；你会变得更加欣赏朋友和家人的优点，变得心胸开阔，减轻你性格中不尽如人意的一面给你带来的烦恼。

6. 瑜伽能使人类更博爱，更和谐

瑜伽把人类与自然界生物之灵之一，尊重自然，尊重生命，努力去发现自然界中生物的感情，倡导与周围的一切和谐共处。对生活的各个方面抱有仁慈之心，不在思想、言辞、举止上伤害任何生物，旨在打造健康的身体、精神上的活力以及树立和践行积极的生活态度和良好的生活原则。

 特别提示

练习瑜伽的注意事项：

（1）宜保持空腹状态练习瑜伽，饭后 3~4 小时，饮用流体后半小时左右练习

为佳，练习中另有规定的除外。

（2）做各种瑜伽练习时，一定要在极限的边缘温和地伸展身体，千万不要用力推拉牵扯，做超出自己极限边缘的动作是错误的练习方式。"在极限的边缘"就是"痛并快乐着"。

（3）如果在练习过程中出现体力不支或身体颤抖，立即休息，不要坚持。练习后出现肌肉紧绷、酸痛，可做适当的按摩或冰敷。

（4）在做瑜伽练习时应把注意力放在动作使自己的体内产生的感觉上，并在每一个姿势定性时停留不少于4秒。当把注意力放在身体、肌肉的感觉上，就能够倾听身体同你的对话。

（5）在练习过程中，自始至终用鼻子呼吸，另有说明的除外。

（6）时刻要记住，每一次练习都要保持对身体的控制，缓慢而步骤分明，不要使身体出现失控的惯性动作。

（7）瑜伽练习应着宽松的衣物，并以赤脚为佳。

（8）在练习前或练习结束30分钟后进行沐浴。

（9）瑜伽练习结束一小时后方可进食，马上进食会引起发胖。

（10）女生在生理期可以根据自己的体能做适当练习，但要避免倒立、伸展腹部的动作和翻转性动作。

任务评价表

序号	任务内容	任务要求	自评	备注
1	瑜伽基本构成	掌握瑜伽构成的六大要素		
2	瑜伽体位法	了解瑜伽体位法的由来、作用以及常用体位分类		
3	瑜伽呼吸法	了解瑜伽呼吸法的作用，熟知瑜伽呼吸法的主要类型，掌握瑜伽呼吸法的练习方法及技巧		
4	瑜伽放松术	了解瑜伽放松术的内涵、作用；掌握三种瑜伽常用放松术的练习方法		
5	瑜伽冥想	了解瑜伽冥想的三个阶段及其作用；熟知冥想的种类，尝试简易的冥想体验		
6	瑜伽饮食	了解瑜伽食物的分类及倡导的饮食习惯		
7	瑜伽生活	理解瑜伽生活的意义		

任务三　瑜伽形体练习

任务描述

本任务要求通过瑜伽形体组合的练习，熟知并掌握瑜伽练习经典坐姿、常用手印的基本知识和练习方法；学习并能独立完成瑜伽两个基本套路组合的练习；使身体健康、健美，并树立瑜伽的健康观念，改善自身的生理、心理及精神状态。

相关知识

现代人多处于快节奏、高压力的环境中，来自社会、职业、家庭的压力日渐剥夺我们体魄的健康。目前瑜伽已经成为健身市场的热门项目，它通过呼吸法、体位、放松术、冥想等练习排除体内毒素，有效调理身心，轻松塑造形体。尤其是瑜伽的体位训练能让习练者在优雅的音乐氛围中，弥漫自然气息的习练场所里，伸展全身的肌肉、韧带，塑造优美的身体线条，保持苗条柔韧的身材。瑜伽被公认为是塑造人体优美曲线，培养美丽高雅气质，锻炼肢体协调性等的有效练习手段。

一、瑜伽经典坐姿

（一）简易坐

简易坐是比较简单的瑜伽坐姿，也是比较舒服的一种坐姿。坐于垫子上，两脚向前伸直，先将右脚屈腿收回放于左大腿根侧，再将左脚屈腿收回放于右大腿下方，手可以以智慧手印放于两膝之上，同时将头、颈和躯干保持同一条直线，脊柱向上伸展，保持肩膀和手臂的放松、呼吸的匀畅即可。简易坐有利于股、踝等关节变得灵活（见图4-1）。

（二）半莲花坐

坐在垫上，双腿并拢向前伸直，将左小腿弯

图4-1　简易坐

曲，将左脚跟放在右腿根处；屈右膝，让右腿收回，放于左腿上方，髋部外旋，尽量使双膝贴放在地面上，两手可保持智慧手印放于两膝上或保持祈祷式置于胸前，可交换双脚，使两腿得到均等的锻炼。（见图4-2）

（三）莲花坐

双莲花式是坐姿练习中相对难些的体式，也是比较重要的一个基本体式。坐于垫上，两腿并拢向前伸直，然后弯曲右小腿，髋部外旋，把右脚放在左大腿上，脚底朝上，再将左小腿弯曲收回，把左脚放在右大腿上面，脚底朝上。练习过程中要保持肩背平直，下颌微微内收，两手成智慧手印或祈祷式均可，保持呼吸均匀（见图4-3）。

图4-2 半莲花坐

图4-3 莲花坐

（四）金刚坐

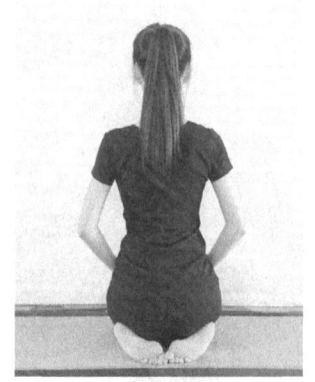

金刚坐是瑜伽跪坐体式的一种，也称为如来坐。两腿并拢，跪在垫上，臀部坐在两脚之间，手置于大腿前侧或呈祈祷式置于胸前，保持背部挺直向上，脚背贴于地面，如膝盖或脚踝有伤则不要用这个坐姿。金刚坐有利于灵活脚趾、脚踝和膝盖（见图4-4）。

二、瑜伽基本手印

手印（梵文mudra）是指瑜伽修炼时手的姿势，又称为印契。不同的手印对身心的影响是不同的，各种各样的手印创造出接近神圣意记的特殊曲连接环。

图4-4 金刚坐

（一）智慧手印

手掌向上，大拇指与食指相夹，其他三指自然伸展。此手印代表把小宇宙能量和大宇宙的能量合一，即人与自然合一，可以让人很快进入平静的状态（见图4-5）。

（二）能量手印

无名指、中指和大拇指自然相夹，其他手指自然伸展。此手印可以排出体内的毒素，消除泌尿系统的疾病，促进肝脏健康，调节大脑平衡，让人更有耐心，充满自信。（见图4-6）

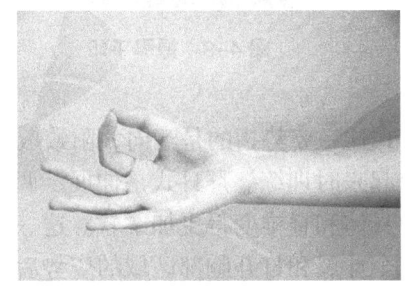

图4-5 智慧手印

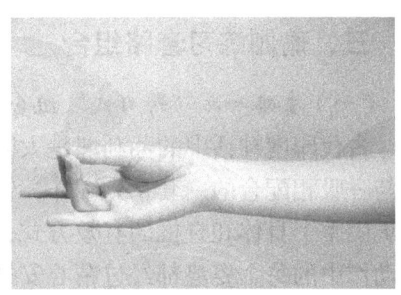

图4-6 能量手印

（三）双手合十印

即阴阳平衡手印，放在胸前做成冥想的姿势，手掌之间要留下一些空间，意味着身体和心灵的合一、大自然和人类的合一。此手印可以增加人的专注能力（见图4-7）。

（四）秦手印

也称下巴式。手势手掌向下，大拇指和食指指端轻贴一起；作用与智慧手印相同（见图4-8）。

图4-7 双手合十印

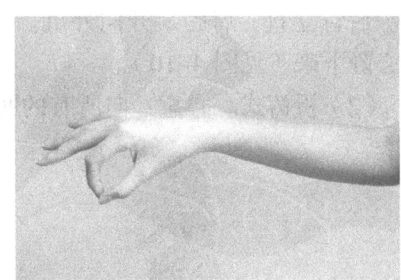

图4-8 秦手印

（五）禅那手印

两手叠成碗状，将拇指尖相连。将完成姿势的手放在踝骨上。这是比较古典的手印，意味着空而充满力量的容器。女性右脚和右手在上，男性左脚和左手在上。可以平和、稳定精神（见图4-9）。

智慧手印和禅那手印是调息和冥想时最常用的手印，也是希望灵性力量升华时经常采用的手印。它们有助于记忆力和注意力水平的提高，可以消除高血压、忧郁症、失眠等病症及症状，让身体更和谐。

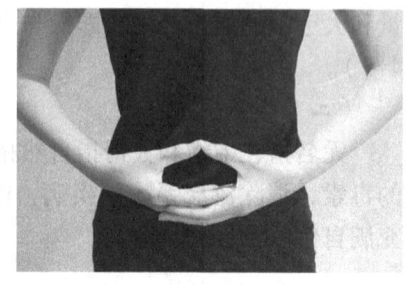

图4-9　禅那手印

三、瑜伽练习套路组合

（一）套路一之"拜日式"组合

古代印度神话中的苏利耶是太阳神，拜日式这一姿势指的是"向太阳致敬"，是与呼吸相配合的一套系列动作，常常在早上起来时训练。拜日式是伸展、调理和巩固整个身体和脊椎的有效方式，它还能让身体和脊椎变得更加柔软。这一系列动作中的每个姿势都经过精心安排，任何一个伸展和打开胸部区域的姿势后面肯定紧接着一个收紧胸部的姿势，这会让呼吸系统更加自由地进行深呼吸。拜日式还能促进身体各个部分的血液循环，当血液循环得到促进、深呼吸让氧气供应更加充足后，身体就会变得精力充沛，大脑的注意力也更加集中。拜日式是瑜伽练习的首要步骤。

整套组合包括12个体位：山立式—祈祷式—展臂式—前屈式—骑马式—八体投地式—眼镜蛇式—顶峰式—骑马式—前屈式—展臂式—祈祷式。

1."拜日式"组合各体位介绍

（1）准备姿势：山立式。

双脚并拢踩实在垫子的前端。膝盖自然伸直，髋部向上提，腹部微微地向内收。后背立直，肩膀展开向外沉。下颚微收，眼睛盯住正前方。调整一次呼吸，让心静下来（见图4-10）。

（2）祈祷式。心意：向所有的朋友致敬！（见图4-11）

图4-10　山立式

图4-11　祈祷式

吸气，双手在胸前合十，掌根沉低，小臂平行于地面，呼气，双肩下沉，放松身体。

益处：建立集中和宁静的状态，为要做的练习做准备。

（3）展臂式。心意：向杰出的人致敬！（见图4-12）

吸气，双手向上，至眉心处打开，手臂竖直时，上体向后微微地弯曲。膝盖伸直，臀部夹紧，髋部向前推。胸腔胀起，眼睛盯住天花板。屏气或者保持正常的呼吸。

益处：伸展腹部脏器，因此消除过多的脂肪，并改善消化功能。锻炼手臂和肩部肌肉。加强脊神经，开阔肺叶。

（4）前屈式。心意：向诱发活动的人致敬！（见图4-13）

呼气，以髋为轴，手臂带动身体走最远的方向向前向下。双手放在双脚两侧，感觉太困难可以弯曲膝盖，让腹部贴到大腿上。颈椎完全放松，眼睛盯住小腿胫骨。保持几次呼吸。

益处：有助于消除或预防胃部及腹部疾病，减少腹部多余脂肪。改善消化，有助于消除便秘。使脊柱柔软，加强脊神经。

（5）骑马式。心意：向照亮人的人致敬！（见图4-14）

吸气，右腿向后撤一大步，膝盖脚背着地。左腿的膝盖不要超过脚尖。上体直立，双手两侧展开在头顶合十，手臂夹紧耳朵后侧，肩膀放松。眼睛盯住正前方。如果可以，再次吸气，身体向上拉伸，胸腔胀起，呼气，上体后仰，眼睛盯住天花板，嘴巴闭拢，髋关节向下，膝盖没有任何压力。保持几次呼吸。

益处：按摩腹部器官，改善其活动功能。加强两腿肌肉，得到神经平衡。

图4-12 展臂式　　图4-13 前屈式　　图4-14 骑马式

（6）八体着地。心意：向赐予力量者致敬！（见图 4-15）

吸气，屈双腿，小腿脚背着地，呼气，弯曲双肘，胸和下巴着地。手肘夹紧身体两侧。眼睛盯住正前方，翘臀塌腰。保持几次呼吸。

益处：加强大腿和手臂肌肉。发展胸部，柔软脊柱。

（7）眼镜蛇式。心意：向金色宇宙本身致敬！（见图 4-16）

吸气，身体顺着地板向前向上，脚背放平，臀部夹紧，靠后背的力量让上身一节一节离开地板。呼气，髋关节向下，肩膀下沉远离耳朵。眼睛盯住天花板或者看自己的眉心或者微微闭起双眼用内心静观自己的身体。若颈椎不好，眼睛盯住正前方。感觉困难可以稍微弯曲手肘。注意不要让上身有任何压力。每次吸气时，伸长身体前侧和脖子前侧，呼气时，髋关节尽量向下，双肩下沉拉长与双耳的距离。保持几次呼吸。

益处：腹部受到压缩，有助于从腹部器官挤出瘀血。这一姿势对所有胃病，包括消化不良和便秘非常有用。弓背锻炼脊柱，使脊柱柔软，使最重要的脊神经重新焕发活力。

（8）顶峰式。心意：向黎明之神致敬！（见图 4-17）

吸气，双脚脚趾撑地，手臂推动身体，向后向上。呼气，臀部带动身体向上，双脚并拢，脚跟踩平地面。颈椎放松，眼睛盯住两脚之间地板或者肚脐。肩膀远离耳朵。身体从侧面看像是一个倒 V 字形。吸气，右腿向上抬高，膝盖伸直，脚尖走最远的方向指向天花板。保持几次呼吸。

益处：加强双臂和两腿神经及肌肉。与前一姿势相反的方向弯曲脊柱，因此进一步有助于脊柱的柔软。加强脊神经，并向它们供应新鲜血液。

图 4-15　八体着地

图 4-16　眼镜蛇式

图 4-17　顶峰式

（9）骑马式。心意：向亚迪帝的儿子致敬！亚迪帝是无穷宇宙之母的名字（见图4-18）。

吸气，抬头，弯曲右腿向前迈回两手中间。左腿膝盖脚背着地。右腿的膝盖不要超过脚尖。身体向上，双手在体后相握，手掌顺着臀部向外翻转，手臂伸直，肩胛骨夹紧。呼气，手臂拉动身体向后弯曲，双手尽量放在大腿后侧或膝盖窝的地方，髋关节向下。胸腔胀起，嘴巴闭拢。眼睛盯住天花板。若颈椎不好盯住正前方。保持几次呼吸。注意不要让膝盖有任何的压力。

（10）前屈式。心意：向仁慈之母致敬！（见图4-19）

吸气，头和上体还原，松开双手，身体向前向下，双手十指分开撑在右脚两侧，左脚脚趾撑地。左脚向前收回，双脚并拢，两膝稍屈，眼睛盯住正前方，手指触地。呼气，身体向下，腹部贴近大腿，头部放松靠近小腿，双膝伸直，身体垂直向下伸展。感觉困难弯曲膝盖。感觉简单则双手从后侧抱住小腿或脚踝。保持几次呼吸。

（11）展臂式。心意：向值得赞扬的人致敬！（见图4-20）

吸气，抬头，松开双手，伸展双臂夹紧双耳。手臂带动身体走最远的方向向前向上，手臂竖直时，以髋关节为轴，向前送髋，上体微微地后仰。屏气或者保持正常的呼吸。

图4-18　骑马式　　　　图4-19　前屈式　　　　图4-20　展臂式

图 4-21 祈祷式

（12）祈祷式。心意：向引向启蒙的人致敬！（见图 4-21）

呼气，头和上体慢慢还原直立，双手合十慢慢收回胸前，眼睛盯住手指或者微微闭起双眼，调整呼吸，放松身体。

2."拜日式"组合练习计划

（1）准备开始：3 次完全式呼吸，呼气时发出"AUM"语音。

（2）15 分钟拜日式组合练习。

（3）5 分钟放松（可采用仰卧式放松）。

3.瑜伽拜日式组合习练注意事项

（1）拜日式由 12 个连续动作组成，练习者可依自己的身体状况，调整速度，等每个动作都十分熟练以后，再一次做完整套。

（2）每天需要重复练习 3~5 次，如果没有时间做其他的瑜伽动作，更要多做几次。

（3）在练习的过程中，要用鼻子呼吸，保持呼吸顺畅，不要闭气。

（4）练习时动作要缓慢进行，尽量做到极限。根据自己的身体状况循序渐进地练习，持之以恒，终见成效。

（5）注意，这套组合不适合有心脏病或高血压的人练习，身体方面有医嘱禁忌的人、孕妇不适宜练习。

（二）套路二之瑜伽纤体美颜组合

这组体位法配合呼吸，围绕伸展身体，通过弯曲、扭转、挤压等完成各种姿势。刺激丹田的作用，使热力通过血液循环传递到人体的各个部位，把血液送入背部之间的椎间板，使通过背部和激活于丹田的自律神经得到调整和强化。练习时使人的神、形、气（即精神，形体，气息）有效地结合起来，充分地锻炼其他运动不可能锻炼到的部位，激发经络气血的运行，身体在流畅、有力、持久的活动中，刺激激素分泌，并随着血液循环于全身，令肌肤光泽富有弹性。而整个看似静态的运动过程实际上已消耗大量的热量和脂肪，也增加了肌肉弹性，使我们体内的脂肪快速转化为肌肉与能量，达到瘦身纤体、养颜美容的目的。

整套组合包括 5 个体位，即虎式—手杖式—眼镜蛇式—三角式—弓式

1.瑜伽形体美颜组合体式介绍

第一部分：五分钟调息。

金刚坐姿（图 4-4）智慧手印（图 4-5），调息 5 分钟。

第二部分：体位练习。

（1）虎式。

双腿屈膝跪地，双手支撑地面，双臂伸直，身体成四边形，翻转手腕，手臂内侧向前。吸气，同时抬头、展胸，右腿向后上抬。呼气，同时将右腿膝盖向腹部回收，低头。头与膝盖在腹部下方交触。反复4~6次。换左腿练习。

益处：伸展强壮脊椎神经和坐骨神经，减少腰部、髋部、大腿区域的脂肪，强壮生殖器官，尤其适合女性练习（见图4-22）。

（2）手杖式。

双脚前伸坐正，屈双膝，两手握住脚底，将膝盖拉向胸前。吸气，同时伸直背部，挺胸，调整呼吸，双手将双脚拉高，膝盖伸直，以尾椎骨为支点，保持身体平衡，自然呼吸5次。呼气，同时缓缓恢复到起始坐姿。

益处：收紧腹肌，使凸出的胃部紧缩上提，改善内脏器官下垂，同时修正腿部线条，矫正脊椎（见图4-23）。

图4-22　虎式

图4-23　手杖式

（3）眼镜蛇式。

俯卧：双手放在体侧，下巴着地。吸气，双臂支撑身体，按头、颈、肩、胸的顺序，慢慢抬高脊柱向后仰。呼气，同时向右后侧扭转肩、头，保持姿势，自然呼吸5次。吸气，将肩、头转回中间位置，呼气反方向扭转，保持姿势，自然呼吸5次。吸气转回中间位置，呼气慢慢回到起始俯卧的姿势，可以侧着头放松背部。

益处：增强消化功能，缓解便秘，促进新陈代谢，减少腰、背、腹部多余脂肪。这个姿势对身体非常有益，绝大多数的人都可以练习，但在练习的过程中，身体的扭转一定要缓慢，配合呼吸，不要过度伸拉，以感觉呼吸自然舒适为宜。骨盆和尾骨内收，确保下背部肌肉的安全，达到良好的练习效果（见图4-24）。

图4-24　眼镜蛇式

(4) 三角式。

自然站立，两脚宽阔分开；深吸气，举手臂与地面平行，双膝伸直，右脚向右转 90 度，左脚转 60 度。呼气，上体左转，弯曲躯干向下，右手放于两脚之间；右手臂与左手臂呈一竖线，双眼看左手指尖。伸展双肩及肩胛骨，保持 10~30 秒；吸气，先收双手，再收躯干，最后两脚收回。然后换方向进行。注：两侧保持的时间应一致。

图 4-25　三角式

益处：加强大腿、小腿肌肉的伸展，促进脊柱下部的血液循环，使胸部得到很好的伸展，消除背部疼痛，增进腹部器官功能，减少腿部、腹部、腰部、背部多余的脂肪（见图 4-25）。

(5) 弓式。

脸朝下，腹部贴地，俯卧。呼吸，屈膝，两臂向后伸展，左手抓住左脚踝，右手抓住右脚踝。保持两个呼吸。完全地呼气，抬双膝离地，拉动双腿向上离地，同时带动胸部离地，手臂和手动作犹如一根弓弦拉紧身体呈弓形。抬头，尽可能往后仰，不要用肋骨和骨盆支撑地面，只有腹部支撑身体的全部重量。抬双腿时双膝不要并拢，到足够高度，腿部伸展充分，再把左右大腿、膝盖和脚踝并拢。这个体式尽量保持 20~60 秒。然后，呼气，松开脚踝，双腿伸直，头部和腿重新回到地面，放松。

图 4-26　弓式

益处：这个体式使脊柱得到充分伸展，使脊柱重新恢复弹性，并增强腹部器官功能，强烈按摩腹内脏器，促进激素分泌，有效排毒养颜（见图 4-26）。

2. 纤体美颜组合练习计划

（1）采用金刚坐姿、智慧手印，调息 5 分钟。

（2）15~20 分钟纤体美颜组合练习。

（3）5 分钟放松。

（4）5 分钟冥想。

3. 纤体美颜组合练习注意事项

（1）纤体美颜组合由五个体位组成，练习者可依自己的身体状况，练习不同难度系数的体位。

（2）练习时不要产生疼痛感，动作不要太猛烈，要能够区分积极拉伸和过度拉伸所产生的不同疼痛感觉。

（3）练习时，要用鼻子呼吸，保持呼吸顺畅，不要闭气。并时刻保持呼吸和感觉的意识清醒，便于在练习过程中集中注意力。

（4）练习时动作要缓慢进行，尽量做到极限。根据自己的身体状况循序渐进地练习，持之以恒，终见成效。

（5）如果患有支气管疾病、糖尿病或心脏病等要在老师的指导下适度练习。

（6）建议早、中、晚，以及饭前空腹状态下练习。每个姿势根据个人情况，可做2~3回合。

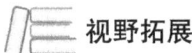 视野拓展

瑜伽对疾病的看法

人是万物之灵，本来应该是健康的。但是，人为什么会得病？为什么会有苦恼？为什么会有痛苦？瑜伽认为，人类的存在是一种自然现象，而自然现象是靠自然平衡来维持的。因此，人们的生活应该处于平衡状态。对人类来说，进食与排泄，睡眠与运动，紧张和松弛，都应该是平衡的。人们之所以患病，是因为破坏和违背了自然平衡。

首先，人类过度的文明生活对自然生活造成了妨碍，使之养成不良的生活习惯或嗜好。因此，瑜伽提倡人类尽量按照自然的方式生活。其次，人体内剩余过多的能量，这些能量贮存在脑部使人类的头脑极为发达，但是，那些剩余的能量同时又是疾病和苦恼的根源，会损害身心健康，招致病邪入机体。瑜伽因而主张活动、锻炼、渐渐加大运动量，尽量将剩余的能量用掉，以保证身心健康，这是瑜伽的基本观点。最后，人类过于依赖药物治疗疾病，容易改变原来的生活习性，使机体的抗病潜力得不到发挥而日趋削减，身体便愈益衰弱而招致病邪。

总之，疾病的发生是因为人类自己违背了正常的生活规律，使得致病因素乘虚而入。如果起居有节，加强锻炼，张弛有度，则百病不生。但是，对于一个患了病，处于痛苦中的人，又应该怎样去治疗呢？瑜伽提倡所谓的"自然疗法"，并早已在包括印度的世界范围内展开了这种疗法的实践，取得了惊人的成功。这些疗法主要包括手持法、瑜伽姿势、调息法、饮食法、断食法、温冷水浴光法及

日光、空气、泥土的利用法等。瑜伽自然疗法的原则，是维持能量及身体活动的平衡和统一。瑜伽认为，为了恢复被疾病破坏了的身心平衡，就需要在身体能接受的限度之内，积极自发地磨炼自己的肉体和精神，使之能够适应各种复杂的环境。因此，相对于药物疗法而言，瑜伽更提倡将姿势、饮食、调处法和静坐冥想作为主要疗法。这种治疗原则，与中医倡导的"药补不如食补，食补不如神补"有着异曲同工之妙。

任务评价表

序号	任务内容	任务要求	自我评价	备注
1	瑜伽坐姿	了解瑜伽经典坐姿的功能，掌握这几种坐姿的动作要领及训练技巧		
2	瑜伽手印	了解瑜伽常用手印的功能，掌握常用手印的动作要领及训练技巧		
3	瑜伽练习基本套路	了解瑜伽练习两个套路的基本体位和功能；掌握两个套路的动作要领及训练技巧		

项目关键词

瑜伽与形体、瑜伽体位、瑜伽呼吸、瑜伽放松、瑜伽冥想、瑜伽饮食、瑜伽生活

课后练习

1. 简述瑜伽的起源与发展。
2. 说出几部瑜伽经典著作。
3. 说出瑜伽练习经典坐姿和常用手印的名称。
4. 说出瑜伽呼吸法的主要类型。
5. 每天抽一点时间练习腹式呼吸、完全式呼吸。
6. 针对自身状况，每周三次练习瑜伽体位组合。

项目五　旅游服务人员礼仪素养

项目概览

旅游业作为文化创意产业的核心支柱，已成为当今世界经济发展最快的"绿色朝阳产业"，在我国经济发展中发挥着重要的作用。为顺应旅游业的发展需求，旅游从业人员队伍也在日益壮大。旅游业是具有服务性质的综合性产业，从业人员的服务水平决定着旅游业的整体水平。通过本项目的学习，学生应了解我国礼仪发展渊源，熟知礼仪思想发展的历程，理解礼仪和道德的基本内涵和功能；提高个人素质、加深自身修养、强化道德建设，塑造良好职业形象；传承中国礼仪文化，从自身做起提高我国旅游业服务水平，在社会高度专业化发展的今天为旅游业的发展做出自己应有的贡献。

学习目标

（1）了解礼仪的起源、中国礼仪发展历程及代表人物；掌握礼仪的概念、特点和原则。

（2）熟知礼仪的内涵和功能、道德的内涵和功能。

（3）加强礼仪道德建设，提升素质修养。

任务一　礼仪概述

任务描述

本任务要求学生通过对礼仪概述的学习，了解礼仪的起源、中国礼仪发展历程及代表人物。掌握礼仪的概念、特征和原则。并能辩证地认知和分析礼仪文化发展进程中的特点和智慧。身为未来旅游从业人员，树立起把礼仪文化传承光大的理想抱负。

相关知识

教育艺术泰斗李燕杰曾经写下"礼通苍穹，仰观碧落星辰近；路承高峰，俯览翠微峦域低"的诗句。这两句诗写出了礼仪的境界，礼可以上通苍天星辰近，下承高峰众山小。礼仪的境界是由它的内涵决定的。礼是德之形，礼是人之魂，礼是世间理，礼是道之法。北宋大儒张横渠有言："为天地立心，为生民立命，为往圣继绝学，为万世开太平"。这四句话表现出儒者的襟怀，也写出了礼仪的使命与向往。人类创造了伟大的艺术，伟大的艺术创造了全新意义上的人；人创造了礼仪，礼仪提升了人的智慧，塑造人们美好的心灵。

一、中国"礼仪之邦"称谓的由来

中华民族自古以来素以重"礼仪"而著称。古代时，许多来到中国的外国友人，看到这里的人民普遍接受礼仪的教化与熏陶，在言行举止上以礼仪为美德，待人谦恭温和，相互间关系融洽，于是心里钦羡之余，发出由衷的感叹，称中国为"礼仪之邦"。

18世纪，英国的坦布尔、法国的伏尔泰、德国的莱布尼兹和沃尔夫等几位大思想家，都非常推崇以礼仪为主要内容的孔子学说。坦布尔认为孔子学说是一部伦理学，涉及政治道德、经济道德、公众道德和私人道德。他说："政府无道德，老百姓无法安居乐业；老百姓无道德，政府无法安定与正常运转。"伏尔泰认为孔子礼仪中所宣扬的都是高洁的道德，非常实际，他要求欧洲人面对中国文化一要赞美，二要自惭，三要模仿。由于他们有如此鲜明的学术取向，被其同胞戏称为"欧洲孔子"。

孔子毕其一生制礼作乐，是着眼于社会的稳定和老百姓能过上安居乐业的生活，为此他要通过礼、乐把大家往文明之路上引导和提升。他的努力在两千多年后的欧洲得到很多外国同行的高度评价，是其思想魅力导致的结果。由此，亦可令我们相信，当年他们给予中国"礼仪之邦"的称誉，绝非溢美之词，而是对我国古代精神文明所达到的较高水平的肯定。

二、礼仪的雏形

（一）对天地、神灵、祖先的信仰与敬畏

原始社会，人类处在变化莫测的大自然中，无法解释千变万化的自然现象和突如其来的自然灾害，认为天地神灵是主宰这一切的力量，就进行一些祭祀活动，以表示他们对天地、神灵、祖宗的敬畏。他们祭祈天地、神灵，保佑风调雨顺，祈祷祖先显灵，拜求降福等。为祈祷而举行的仪式就成了古代礼仪的萌芽，

因此有了"礼立于敬而源于祭"的说法。

（二）对家庭成员言行的规范

父母要抚养、关爱、教育孩子；成人要赡养、照顾父母；兄弟姐妹之间要关爱。在尧舜的时代，就对家庭成员之间的关系做了明确规定，即父义、母慈、兄友、弟恭、子孝，称为"五礼"。通过礼仪，对家庭成员的言行举止进行了规范。

（三）人们交往沟通的需要

在远古社会活动中，人类形成了最初级、最原始的礼仪。如在原始的狩猎、耕种和部落之间的争斗中，人们用眼神、肢体语言等来表示他们的想法，互相配合。用击掌、拍手、拥抱等方式表示收获后的喜悦、高兴。这种相互的呼应与模仿逐步形成一种习俗，便成了最初的礼仪。

（四）维系等级差别

随着社会的发展，生产分工越来越细化，出现了领导者和被领导者，出现了尊卑有序、男女有别等，如当大家聚会坐在一起时，就有了一定的座次差别。通过不断增加新的形式，以补充新的礼仪内容，为等级差别的维系提供更多方便和条件。

三、中国礼仪发展历程及代表人物

（一）远古时代的礼仪渊源

远古时期，就出现了龙图腾、祭拜神灵、八卦和音乐等礼仪活动的雏形。人类始祖伏羲制定的龙图腾就是一个和谐的明证。相传华夏九州第一次大结盟之后，伏羲集中九大部落图腾的特色，以蟒蛇图腾为基础，选用鳄鱼的头、雄鹿的角、老虎的眼、巨蜥的腿、苍鹰的爪、红鲤的鳞、白鲨的尾、长须鲸的须，组成了一个龙的图腾。龙图腾的形成，标志着"伏羲始定四海之广、作八卦、分九州"。原始人类为求风调雨顺、祖先显灵，会举行一些敬神拜祖仪式。希望通过物品和音乐来祭拜神灵，期盼"以通神明之德，合天地之和焉"。这就是最初的礼仪活动，是礼仪的起源。八卦和音乐使这些祭天、敬神的祭祀活动在历史的发展中逐步完善起来，正式形成祭祀礼仪。这在后来春秋时代第一部诗歌总集《诗经》中得到有力的证明。《诗经》分"风""雅""颂"三个部分，"颂"就是祭祀用的宗教音乐，内容分为赞美神灵和祖先的功德两个部分。伏羲兴嫁娶，倡导男聘女嫁的婚俗礼节，不仅结束了原始的群婚状态，并且为后来的长幼、尊卑、君臣等一系列的礼仪发展和完善奠定了基础。

（二）夏商周时期的礼仪发展

到了夏、商、西周时期，社会的发展已经不能满足社会统治的需要，不能满足人类日益发展的精神需求,不能更好地调节日益复杂的现实关系。于是,人们将敬神致福的活动全面扩展到了各种人际交往活动中,扩展到社会各个领域。周文王制定法度,实行仁政,敬老爱幼,礼贤下士,治理岐山下的周族根据地。倡导笃仁、敬老、慈少、礼贤下士的社会风气,使其领地的社会经济得以发展。他还精心"演易之六十四卦",详细地阐明君子经世致用、穷理尽性之道。所以他能教化来宾,他的教化令四海宾服,都来归附服从他。之后,周文王的儿子,周公"明德慎罚",制礼作乐。周公总结了从成汤到纣王自命天子,忽视民的存在而为所欲为,失德招致亡国之祸的经验。提出了"明德慎罚""敬德保民"的观念,是夏商以来中国思想从敬鬼神到重人事的一大转变。西周的"礼乐文化",源于以"德"为核心的民本思想,所以要探讨礼乐文化一定要研究"德"字。周人制作礼乐,隆礼重仪,强化了以"德"为先的治国方略。商代甲骨文和西周初期的铜器铭文中出现了"德"字的雏形。这个字的意思是:行动要正,而且"目不斜视",就是行路要直。后来金文中在底部加上心,即心直眼睛才能直,目正、心正才算"德",便是《大学》所说的"欲修其身者先正其身"。周人重德,认为"皇天无亲,唯德是辅"。"德"是和"天"联系在一起的,个人、家族、国家有德,便能得到上天的垂顾,成为"受命之人""受命之族""受命之国"。《周易·系辞》说:"地势坤,君子以厚德载物。""德"是涵盖了诚信、仁义等一切美好品行的道德范畴。"德"的外化即为礼。在心为"德",发之于心,而表现行为即是"礼"。

(三) 春秋时期的孔孟之道

东周时期又称"春秋战国",社会纲纪大乱,骚动不宁。作为奴隶制度基础的分封制和宗法制遭到严重破坏,到了"礼崩乐坏"的地步。学术界形成了百家争鸣的局面,产生了儒道法等各种流派。同时也迎来了礼仪的全面发展,以孔子、孟子、荀子为代表的诸子百家对礼教给予了研究和发展,对礼仪的起源、本质和功能进行了系统阐述。各家理论思想融合而成了博大精深、系统完备的中国传统文化。孔子对德和礼的内涵进一步发展,继承和发展了西周的"明德慎罚"。"德"的价值原则,被孔子发展为"道之以德,齐之以礼,有耻且格"的王道原则。讲究"德治"和"礼治",就是用道德和礼教来治理国家,把德、礼施之于民,摒弃了传统的礼不下庶人的信条,打破了贵族和庶民间原有的一条重要界限。孔子把"礼"看成是治国、安邦、平定天下的基础,孔子主张"为政以德",曰:"为政以德,譬如北辰,居其所而众星共之。"要宽惠使民和实行仁政,认为"德"是治理国家、取得民心民力的主要方法;为政者以德治国,老百姓就会心悦诚服,如同众星环绕于北极星周围一样,四方之民自然会归附于他。

孟子更多地继承发展了孔子学说中"仁"与"礼"的学说,进入了"王道"

的阶段，孟子"仁"的思想更强调了人的特性。孟子强调人的天性是善良的。它们是"仁、义、礼、智"四德的基础，这就是孟子的"性善论"。

荀子把"礼"作为人生哲学思想的核心，把"礼"看作是做人的根本目的和最高理想。"礼者，人道之极也。"他认为"礼"既是目标、理想，又是行为过程。"人无礼则不生，事无礼则不成，国无礼则不宁。"荀子继孔孟之后提出"礼者，人道之极也"，重视社会上人们行为的规范。

管仲主张强国富民，礼法并举。管仲的礼治学说是"四维说"。"一曰礼，二曰义，三曰廉，四曰耻。"管仲将礼、义、廉、耻比喻为维系国家和社会的四条绳索，认为"国有四维，一维绝则倾，二维绝则危，三维绝则覆，四维绝则灭""四维张，则君令行""四维不张，国乃灭亡"，把礼治提高到了关系政治和社会安定以至于国家存亡的高度。

（四）汉朝创立"宫廷礼制""三纲五常"

刘邦当了大汉天子，他性格粗豪，不愿意拘泥礼法。当他看到朝廷举行朝会、宴会时群臣举止随便，场面混乱不堪，心中又感到厌烦，希望对这种情况有所改善。叔孙通是一个灵活性很强的人，非常善于变通。他根据朝廷活动的严肃性和刘邦个人的性格特点，参照古代和秦朝的礼法，制定了一套既有严肃性又简便易行的礼仪制度，最终得到了刘邦的认可。刘邦感慨："吾今日乃知皇帝之贵也！"可见，叔孙通的礼乐活动和思想，为汉初礼乐建设做出了重大贡献，为两汉时期儒学盛行、礼制完备奠定了基础。对后来封建时代的礼乐制度的建设与改革，均有极大影响。

董仲舒，西汉著名的伦理思想家、哲学家和今文经学大师。他的君权神授理论和"三纲五常"说，对后世影响最为深刻，并逐渐开始作为官方哲学意识形态出现，从而真正开始了对中国长达两千多年的思想统治。"三纲"是指"君为臣纲、父为子纲、夫为妻纲"，要求为臣、为子、为妻必须要绝对服从于君、父、夫。"五常"是指"仁、义、礼、智、信"五个封建道德教条。"仁"即爱人、孝悌、忠恕等；"义"指的是封建道德规范和标准；"礼"是各种封建的礼仪、制度和规范；"智"为判别是非之心；"信"系忠诚守信。他的这些思想在当时都是为封建君主服务的，是用以调节君臣、父子、兄弟、夫妻、朋友等人伦关系的一种行为准则。

（五）宋朝的"程朱理学"

程朱理学是北宋理学家程颢、程颐和南宋理学家朱熹思想的合称。"二程"把"理"或"天理"视作哲学的最高范畴，也是社会生活的最高准则。朱熹被后世尊称朱子。朱熹的理学体系，成为宋代理学之大成，其功绩为后世所称道。他制定了一整套学规，即"父子有亲、君臣有义、夫妇有别、长幼有序、朋友有信"的"五教之目";"博学之,审问之,谨思之,明辨之,笃行之"的"为学之序";"言忠信,行笃敬,惩忿窒欲,迁善改过"的"修身之要";"正其谊不谋其利,明其道不计其功"的"处世之要";"己所不欲,勿施于人,行有不得,反求诸己"的"接物之要"。这些其实都是孔子儒家思想"道之以德,齐之以礼,有耻且格"的具体化和发展。

(六)明朝之"阳明心学"

明朝心学集大成者王阳明是中国主观唯心主义哲学的代表人物,他的"心学",成为堪与以朱熹为代表的程朱理学抗礼的儒学流派,其学说不仅对中国当时及现代人的思想产生了巨大的冲击和影响,而且波及日本、朝鲜等国,成为东方文化的一个组成部分。王阳明让礼学从道德境界走向审美境界。他的"知行合一"思想正是在朱熹哲学基础上的突破。正是这样的突破,让王阳明从更高的境界诠释美与善、美与丑,诠释了礼仪道德的内在美和形式美。"知"指人的道德意识和思想意念,"行"指人的道德践履和实际行动。因此,知行关系就是指道德意识和道德践履的关系,也包括一些思想意念和实际行动的关系。王阳明对礼仪价值的阐述强调了善与美的统一,内容与形式的统一。

至此,中国礼仪的内涵从道德境界发展到美学境界,从内容到形式都更加完备。此时,完整而协调的文化体系已经基本建立。以"德"为价值原则、以"和"为社会行动准则,以"礼"规范行动,为中华民族遗留下宝贵的文化财富。

(七)清朝倡导"修身、齐家、治国、平天下"

清末曾国藩,是中国封建社会最后一个儒家思想的集大成者,他对理学、心学皆有吸收、遴选和发展、应用,并且真正实践着"修身、齐家、治国、平天下"的"内圣外王"之路,修己达人,经世致用,武能治军,文能安国,被评为清代"中兴第一名臣",更被誉为"立德立言立功三不朽,为师为将为相一完人"。而毛泽东也曾高度评价曾国藩:"予于近人,独服曾文正"。

(八)现代礼仪新风尚

在中国古代,"礼仪"的含义很广,既表现为一般的行为规范,又涵盖政治法律制度。近代以后,礼仪的范畴逐渐缩小,礼仪与政治体制、法律典章、行政区划、伦理道德等基本分离,现代礼仪一般只有仪式和礼节的意思,去掉了繁文缛节、复杂琐碎的内容,吸收了许多反映时代风貌、适应现代生活节奏的新形式。现代礼仪简明、实用、新颖、灵活,体现了高效率、快节奏的时代旋律。现代礼仪的出现和发展,反映了社会形态的巨大变革和社会文明程度的提高。我国现代许多礼仪形式,都是辛亥革命以后,尤其是新中国成立后才形成的。现代礼仪以科学精神、民主思想和现代生活为基础,摆脱了封建落后的成分,表现出新型的社会关系和时代风貌。

四、礼仪的传承与发展

中国的礼仪文化以其平和、中正的特征，对人们产生深远的影响。但是任何一个民族的文化都不可能是万世一贯的，而只能与时俱变，弃其糟粕，取其精华，才能历久弥新，长久地存活在历史的长河中，进而影响民族的精神和面貌。中国的礼仪文化不仅对中华民族有着巨大的作用，而且也带给世界深远的影响。比如中国传统礼仪文化在韩国、日本保存颇多，并继续在社会生活中发挥积极作用。21世纪是文化的世纪，国家与国家、民族与民族的竞争，将会越来越多地在文化领域中展开。文化是民族的基本特征，文化存则民族存，文化亡则民族亡。中华文明是世界四大古文明中，唯一没有发生过文化中断的文明。在未来的世纪中，中华文明能否自立于世界民族之林，基本前提之一，就是能否在吸收先进的外来文化的基础上，建立起强势的本位文化，这无疑是具有战略意义的大事。礼乐文化是中华传统文化的核心，能否将它的精华发扬光大，对于本位文化的兴衰至关重要。

（一）传承文明的需要

中国是世界四大文明古国之一，古老的中华民族自古以来就享有"礼仪之邦"的美称。中华民族源远流长，在五千年悠久的历史长河中，不但创造了灿烂的文化，而且形成了古老民族的传统美德。在博大精深的伦理文化遗产中，很多优良的、传统的礼仪规范，直至今天仍然有强大的生命力，它是中华民族宝贵的精神财富。国家主席习近平在纪念孔子诞辰2565周年国际学术研讨会暨国际儒学联合会第五届会员大会开幕会上发表重要讲话。他强调，"不忘历史才能开辟未来，善于继承才能善于创新。只有坚持从历史走向未来，从延续民族文化血脉中开拓前进，我们才能做好今天的事业。推进人类各种文明交流交融、互学互鉴，是让世界变得更加美丽、各国人民生活得更加美好的必由之路。"

（二）时代发展的需要

如今，世界发生了巨大变化。人类社会步入以文明、和平、发展为主流的信息社会，经济的全球一体化和信息共享的网络化把现代人置于一个无限伸展而又不断浓缩的空间，这就是地球村。在这个有着60亿居民的村庄里，交往和沟通日益频繁，说服和理解越发重要，其中，作为公关"第一印象"的礼仪就更显得不可或缺。礼仪修养，不仅是人们必备的基本素质，而且是社会交往、商务活动和其他各项事业成功的一个重要条件。在交往与合作过程中，人们的礼仪是否周全，不仅显示其修养、素质，而且直接影响到事业、业务的成功。随着时代的发展，人们的精神要求日益发展，人人都在寻求一种充满友爱、真诚、理解、互助的温馨和谐的生存环境，寻求充满文明与友善、真诚与安宁的空间。前进的社会呼唤文明，科学的未来呼唤文明。当前，我国正在进行两个文明建设，正努力跻身于世界先进民族之林。文明礼仪是精神文明的一个重要内容，是一个人道德品质的外在表现，是衡量一个人教育程度的标尺。文明礼仪养成教育不仅是个人道德、品质和个性形成的基础教育，也是提高全民族道德素质、振兴民族精神及建设社会主义精神文明的基础教育。

（三）个人成长和发展的需要

礼仪是一个国家、一个民族的文明程度、社会风尚和道德水准的重要标志，也是一个单位、一个人的思想觉悟、文化修养、精神风貌的主要标志。礼仪对提高道德素质、塑造高尚人格具有十分重要的教育和导向作用，也是一条行之有效的途径。一个注重自身修养、重礼仪的人才可能成为优秀的人、有用的人、品行兼优的人。孔子曰："兴于诗，立于礼，成于乐。"孟子也说过："敬人者，人恒敬之，爱人者，人恒爱之。"古希腊哲人赫拉克利特也说："礼貌是有教养的人的第二个太阳"。这些都充分说明"礼"是何等重要。学习礼仪、践行礼仪要从小事做起，从自身做起。对于传承传统礼仪，我们每个人都应该从规范自身行为开始，做一个"有礼之人"。

我们必须承认，传统礼仪中有很多东西已经不适用于现代社会，但是传统礼俗中诚敬谦让、和众修身的礼仪原则在当代社会仍然值得提倡。因此，我们该学学"拿来主义"，取其精华，弃其糟粕。如此，我们的传统礼仪便可继续传承下去，烙有时代特征地发展下去。

五、什么是礼仪

礼仪是在人际交往中，以一定的约定俗成的程序方式来表现的律己敬人的过程，涉及穿着、交往、沟通、情商等方面的内容，是我们在生活中不可缺少的一种能力。礼仪是人们在长期的社会实践中，就人类自身言谈行为的模式和思维衍演的方式达成的一套社会协议和共识。是人们必须共同遵守的一系列言行及仪式的标准。它以社会道德观念为基础，以各民族的文化传统作背景，受到宗教信仰的强烈影响，涉及人类社会生活的方方面面，具有浓厚的时空特色和社会约束能力，其目的是为了在人类社会物质条件和需求欲望之间达到动态平衡，维系社会生活的正常运行和发展。

六、礼仪的特征

（一）规范性

礼仪是一种规范。礼仪规范，是对人们在社会交往实践中所形成的一定礼关系的集中概括,见之于人们的生活实践,形成人们普遍遵循的行为准则。这种行为准则,不断地支配或控制着人们的交往行为。规范性是礼仪的一个极为重要的特性。

(二) 实用性

礼仪的规范是人们长期以来总结的公认正确的言行标准,其最大的特点是可实践操作。日常的礼仪和服务规范都是对礼仪的具体操作和应用,具有很强的实用性,对实际工作具有指导作用。

(三) 灵活性

礼仪的灵活性表现在以下方面:其一,同样的礼仪行为在不同的社会文化环境中,针对不同场合、不同服务对象,其表现形式是可以变化的。例如对于来自不同国家的游客,服务主体采用的礼仪行为会有所不同。其二,在历史发展的进程中,礼仪规范的表现形式也一直在发生着变化。礼仪必将随着时代的不断进步,更加规范化、国际化。

(四) 国际化

礼仪作为一种文化现象,是全人类共有的。不同国家、地区、民族以及不同社会制度,礼仪的具体内容会有差异性,但是礼仪的内涵及精神本质与互相尊重、谦恭友好的原则是一致的。现代礼仪在继承本民族传统文化的基础上,兼容并蓄,具有国际化、趋同化的特征和趋势。

七、礼仪的原则

(一) 尊重的原则

孔子说:"礼者,敬人也"。尊重是礼仪的本质,是礼仪的情感基础,是人们社会交往中一条最基本的原则,是礼仪的核心。所谓尊重的原则,就是要求人们在交际活动中,体现出对交往对象真诚的尊重。既要互谦互让,互尊互敬,友好相待,和睦共处,更要将对交往对象的重视、恭敬、友好放在第一位。

(二) 平等的原则

在具体运用礼仪时,允许因人而异,根据不同的交往对象,采取不同的具体方法。但是,必须强调指出:依据礼仪的核心点,即尊重交往对象、以礼相待这一点,对任何交往对象都必须一视同仁,给予同等程度的礼遇。平等的原则有两个含义:一是指交往双方相互平等相互尊重。二是对待任何交往对象都必须一视同仁。不允许因为交往对象彼此之间在年龄、性别、种族、文化、职业、身份、地位、财富以及与自己的关系亲疏远近等方面有所不同,就厚此薄彼,区别对待,给予不同待遇。这便是社交礼仪中平等原则的基本要求。

（三）适度的原则

适度原则的含义，是要求应用礼仪时，为了保证取得成效，必须注意技巧，合乎规范，特别要注意做到把握分寸，认真得体。这是因为凡事过犹不及，运用礼仪时，假如做得过了头，或者做得不到位，都不能正确地表达自己的自律、敬人之意。当然，运用礼仪要真正做到恰到好处、恰如其分，只有勤学多练，积极实践，此外别无他途。具体而言要做到：交往有度、关心有度、距离有度。

（四）从俗的原则

每个民族在其发展的过程中都形成并保存了自己特有的礼仪规范和形式。由于国情、民族、文化背景的不同，在人际交往中，实际上存在着"十里不同风，百里不同俗"的局面。对这一客观现实要有正确的认识，在对客服务过程中要充分尊重对方的风俗、习惯，了解并尊重各自的禁忌，对于交往对象所特有的习俗予以尊重。必要之时，必须入乡随俗，切勿自以为是，随意批评，否定其他人的习惯性做法。遵规从俗的原则可以增进相互间的理解与沟通，会使礼仪的应用更加得心应手，更加有助于人际交往。

案例分析

阅读材料，结合所学知识展开讨论。

材料一：编钟以其洪大的音量和特有的音色交织成肃穆庄丽的音响，编钟是西周高级礼乐仪式中使用的乐器。西周时，礼乐制度还能正常地维持，在高级礼仪活动中，器乐演奏要按严格的礼乐制度来进行。其中所谓的"金奏"，是编钟、鼓、磬的合奏。"金奏"规格很高，只有天子、诸侯可用。大夫和士只能单单用鼓。

材料二：春秋时期，鲁国季氏用了天子的乐舞，孔子听说后，便愤然指责道："是可忍也，孰不可忍！"

材料三：2008年初，复旦大学教授钱文忠拜季羡林为师，行跪拜礼；同年，笑星赵本山在"本山影视基地"举行收徒仪式，徒弟们挨个跪拜、敬茶……这引起是否是封建残余思想的争议。跪，还是不跪，仍是一个值得讨论的问题。

讨论：

1. 根据材料一，指出西周礼乐制度的特点。这一制度在当时的主要作用是什么？
2. 材料二中，鲁国季氏的做法说明了什么？
3. 简要谈谈你对材料三现象的看法。

> 角色练习

传承传统礼仪，规范自身行为，体验有礼之人

（一）行走之礼

在行走过程中同样要注意人际关系的处理，因此有行走的礼节。古代常行"趋礼"，即地位低的人在地位高的人面前走过时，一定要低头弯腰，以小步快走的方式对尊者表示礼敬，这就是"趋礼"。传统行走礼仪中，还有"行不中道，立不中门"的原则，即走路不可走在路中间，应该靠边行走；站立不可站在门中间。这样既表示对尊者的礼敬，又可避让行人。

练习体会_____。

（二）见面之礼

人们日常见面既要态度热情，也要彬彬有礼。与不同身份的人相见，都有一定的规矩。比如一般性的打招呼，在传统上行拱手礼。拱手礼是最普通的见面礼仪，方式是双手合抱（一般是右手握拳在内，左手加于右手之上）举至胸前，立而不俯，表示一般性的客套。如果到人家做客，在进门与落座时，主客相互客气行礼谦让，这时行的是作揖之礼，称为"揖让"。作揖是两手抱拳，拱起再按下去，同时低头，上身略向前屈。作揖礼在古时日常生活中为常见礼仪，除了上述社交场合外，向人致谢、祝贺、道歉及托人办事等也常行作揖礼。身份高的人对身份低的人回礼也常行作揖礼。传统社会对至尊者还有跪拜礼，即双膝着地，头手有节奏地触地叩拜，即所谓叩首。

练习体会_____。

> 视野拓展

西方礼仪的起源

在西方，礼仪一词，最早见于法语的 Etiquette，原意为"法庭上的通行证"。但它一进入英文后，就有了礼仪的含义，意即"人际交往的通行证"。西方的文明史，同样在很大程度上表现着人类对礼仪追求及其演进的历史。人类为了维持与发展血缘亲情以外的各种人际关系，避免"格斗"或"战争"，逐步形成了各种与"格斗""战争"有关的动态礼仪。如为了表示自己手里没有武器，让对方感觉到自己没有恶意而创造了举手礼，后来演进为握手。为了表示自己的友好与尊重，愿在对方面前"丢盔卸甲"，于是创造了脱帽礼等。

在古希腊的文献典籍中，如苏格拉底、柏拉图、亚里士多德等先哲的著述中，都有很多关于礼仪的论述。中世纪更是礼仪发展的鼎盛时代。文艺复兴以

后，欧美的礼仪有了新的发展，从上层社会对遵循礼节的烦琐要求到20世纪中期对优美举止的赞赏，一直到适应社会平等关系的比较简单的礼仪规则。

任务评价表

序号	任务内容	任务要求	自我评价	备注
1	礼仪之邦	了解礼仪之邦这一称谓的由来以及礼仪雏形的表现		
2	礼仪发展史	了解中国礼仪发展历程、代表人物及思想精华		
3	礼仪概述	掌握礼仪的概念、特征及原则		

任务二　礼仪与修养

任务描述

本任务要求学生通过对礼仪与修养的学习，了解礼仪的内涵和功能、道德的内涵和功能、礼仪与素质修养的关系。加强礼仪道德建设，提升素质修养，从而提高自己未来作为旅游从业人员的素质能力。

相关知识

在西方人眼里，礼仪通常是指一种风俗，是依据民族或地域差异来区别的风俗。而中国的礼仪是传统文化极其重要的组成部分，其核心是礼。在中国人眼里，礼是可以凝聚不同民族和地域的一种精神，是社会生活中一切行为的准则。因此，以礼为核心的中国传统礼仪蕴含着特殊的意义，涉及政治、道德和社会等各个方面。法国著名思想家孟德斯鸠指出，中国人"把宗教、法律、道德、礼仪都混在一起，这一切都是行善，都是美德。有关这四方面的箴规就是礼教"。"文人之用于育人，官吏之用于说教，生活中的一切细小的举动都包罗在这些礼教里边"。

一、礼仪的内涵和功能

礼仪是中华民族的传统美德，从古至今，源远流长。倡导做事情先学会做人。"礼则安,无礼则危,故曰:礼者不可不学也"就出自《礼记·曲礼上》。意思是说:人有礼就平安,无礼就危险,所以说,礼不可不学。《荀子·修身》中说:"礼者,所以正身也。"礼,是用来端正身心的,没有礼,用什么来校正自己的行为?学习和遵守礼仪是完善人格的重要途径。

(一)礼仪的内涵

1. 什么是礼

礼在中国古代是社会的典章制度和道德规范。作为典章制度,它是社会政治制度的体现,是维护上层建筑以及与之相适应的人与人交往的礼节仪式。作为道德规范,它是统治者和贵族等的一切行为标准和要求。

2. 什么是仪

"仪"在古代,其内容也是十分丰富,很多时候都同"礼"相近,但与"礼"相比,内容更为具体。概括来说有如下几种理解:第一,仪是指法度、准则。《国语·周语下》云:"所以宣布哲人之令德,示民礼仪也。"《史记·秦始皇本纪》云:"普施明法,经纬天下,永为仪则。"这里"仪"同"礼",是指国家政治生活中的制度、法律、规则。第二,指礼节、规矩。

3. 什么是礼仪

礼仪是人们在社会交往过程中应该遵循的行为规范和准则。孔颖达在《春秋左传正义》中说:"中国有礼仪之大,故称夏;有服章之美,谓之华。"夏者,家继礼法圣贤之学,国从利益相承之出,家有千年源流圣贤传,而国家继吾国吾民之利益而世代传承,这也是真真正正的夏章。华者是指古人以服饰华采之美为华;以疆界广阔与文化繁荣、文明道德兴盛为夏。从字义上来讲,"华"字有美丽的含义,"夏"字有盛大的意义,连起来的确是个美好的词。衣必精美,物必丰盛,人必礼学,国必利益,君臣必称吾国吾民,此才能是真正的华夏啊!

(二)礼仪的功能

1. 礼仪是人之为人的标志

《礼记·冠义》曰:"凡人之所以为人者,礼义也。礼义之始,在于正容体,齐颜色,顺辞令"。人之所以成为人,是人懂得礼仪。人和人交往,要经过礼仪来表达思想和情感,如婚丧嫁娶,都有一定的礼仪,以昭示人生的意义和价值。古人有这样的比喻:"鹦鹉能言,不离飞鸟;猩猩能语,不离禽兽。今人而无礼,虽能言,不亦禽兽之心乎?……是故圣人作,为礼以教人,使人以有礼,知自别于禽兽。"

2. 礼仪是律己的规范、交往的准则

礼仪从古至今都是衡量一个人文明程度的准绳。礼仪既有严格的制度对人民的言行加以约束,又是全社会自觉检查和约束自己言行举止的依据和标准。在社交场合中，人们按照礼仪所规定的要求进行交往，有助于相互的沟通和达成共识。礼仪作为共同遵守的行为规范，还发挥着人际关系的整合和疏导功能。

3. 礼仪是治国安邦的法宝

孔子曰："礼之所兴，众之所治也；礼之所废，众之所乱也。"《礼记》云："治国不以礼，犹无耜而耕也。"荀子曰："礼之于国家，如权衡之于轻重也，如绳墨之于曲直也。故人无礼不往，事无礼不成，国家无礼不宁。"《周礼》与《仪礼》《礼记》合称"三礼"，属儒家经书的经典之作，均代表了古代东方文化的精魂，流传至今有几千年，其影响至深至巨。古代统治者尊奉它们为治国安邦的法宝，通过礼的作用便能够治理国家的政务，巩固国君的统治权力，士大夫以通经致用作为自己的终身抱负，平民百姓把它们当作修身处世的懿训。礼之于现代社会亦是维系社会公序良俗的重要工具。

4. 礼仪是交际场合的"名片"

礼仪是人际交往的敲门砖；礼仪是人际交往的介绍信；礼仪是人际交往的安全阀；礼仪是人际交往的润滑剂。礼仪在我们身边无处不在、无所不包。开口言之有理，投足行之以礼，平时知书达理，待人彬彬有礼，才能让现代文明走进千家万户，助千家万户拥有现代文明。让礼仪之花开满人间，和谐你我，和谐社会，和谐世界！美国白宫的礼仪专家 Letitia Baldrige 说："礼仪的目的就是与周围的人保持友善的关系。"

5. 礼仪是赢得机遇的法宝

根据成功学家多年研究发现，智商在人的成功过程中只起到15%甚至10%的作用；而情商的作用竟然高达85%甚至90%，礼仪无疑属于情商的范畴。当下的说法是，考学乃至就业靠智商，而升迁、成功则凭情商。有美国总统小布什为证：他曾被美国民调机构评为美国历史上智商最低的总统，而且预测说这个结果一百年之内不会改变；可小布什的情商却很高，当年他那届耶鲁同学1400人，他个个能叫出名字。正因为他的情商高，所以在总统大选中能战胜他当年的耶鲁校友。

二、道德的内涵与功能

（一）道德的内涵

道德是中国古代哲学和伦理思想的一个基本范畴。在古代典籍中，道德最早是分开使用的两个概念，并无道德一词。

1. 什么是道

先秦思想史上，道主要是指一种支配自然和人类社会的规律。表示自然的运行规律称为天道，表示社会生活准则的称为人道。道德一词，在汉语中可追溯到先秦思想家老子所著的《道德经》一书。老子说:"道生之,德畜之,物形之,器成之。是以万物莫不尊道而贵德。道之尊,德之贵,夫莫之命而常自然。"其中"道"指自然运行与人世共通的真理。大意:世界上的万物都是生于道的,然而又是受德养育;给予物体形态,使器成形。所以万物无不尊重道和认为德可贵。道受尊重和德受重视,都是无须命令,自然而然的。天道使他们生(出生、生存),德行抚养了他们,外物使他们成长,德行使他们有成就。因此天下苍生没有不尊奉天道和德行的。

2. 什么是德

"德"是指人世的德行、品行、王道。

3. 什么是道德

道德是一定社会、一定阶级向人们提出的处理人和人之间、个人和社会之间、个人和自然之间各种关系的一种特殊行为规范。"道德"二字连用始于荀子《劝学》篇:"礼者,法之大分,类之纲纪也,故学至乎礼而止矣,夫是之谓道德之极"。意思是:"礼是封建规章制度的根本依据,是法度的总纲和类推断案的依据。所以求学问以达到礼为止境,达到了礼也就达到了道德最高境界,这就是道德的极限了。"道德的特殊性表现在:它和法律、规章制度等行为规范不同,法律的特点是强调强制和他律,道德的特点是强调自觉和自律。法律通过强制手段着力约束人的行为,道德通过教育的手段着力约束人的动机。道德良心是道德自律性最集中的表现形式。

(二)道德的功能及作用方式

1. 道德的功能

首先,社会的主体道德对经济基础的形成、巩固和发展有巨大的推动功能;此外,道德对于发展科学技术和社会生产力有促进功能;道德在阶级社会里是阶级斗争的重要工具;道德对于调整人际关系、维护正常的社会秩序具有重要作用;道德也具有愉悦功能。

2. 道德的作用方式

道德作用方式的基本特征:非强制性,以"教化"为主。它通过道德舆论的褒扬和贬斥来引导人们的社会行为;通过传统习惯的力量来规范人们的行为;通过人们的内心信念发挥作用。

三、礼仪与道德建设

(一)道德是礼仪的基础

道德是调整个人与他人、个人与社会之间关系的行为规范与准则的总和。孔子曰:"德之不修,学之不讲,闻义不能徙,不善不能改,是吾忧也。""质胜文则野,文胜质则史,文质彬彬,然后君子。"道德指人内在的"真"与"善",礼仪则是将"真"与"善"表现为举止言行方面的"美"。道德是人的理性智慧。

(二)礼仪是道德的外在表现

礼仪使抽象的、无形的道德变成真实的存在。中国传统礼仪也是一种道德文化,可以说,礼是一种道德意识和道德规范,礼仪则是这种意识和规范的外显形式。礼仪属于行为活动的范畴,是一种行为道德,它通过行为来表现礼所蕴含的道德。文明礼貌的言行折射出道德的"真"与"善",礼仪素养是评价一个人道德水平的重要标准,礼仪也是提高道德修养的重要手段和有效途径。离开礼所蕴含的道德,礼仪只能是繁文缛节。离开礼仪的行为活动,礼所蕴含的道德又将缺乏实现的载体。

(三)大力提倡道德礼仪

道德礼仪是一种社会意识形态,是人类精神层面的道德规范,是人们共同生活的行为准则。道德礼仪对于人类社会的发展、对于人与人的和谐相处具有重要意义。道德由一定的社会经济基础所决定,并为一定的社会经济基础服务。不同的时代,不同的阶级具有不同的道德观念。礼仪的道德功能,可以概括为三个基本方面,或者说是三种实现形式:第一是以礼"引"德,礼仪作为一种基础性的行为规范,可以"引导"人们加强道德修养;第二是以礼"显"德,礼仪作为一种道德精神的外在形式,可以"显现"人们的道德水平;第三是以礼"保"德,礼仪作为一种操作性强的道德规范,可以"保证"道德原则的实施。

四、礼仪与素质修养

一个人的素质修养是多方面的,它包括道德修养、文化艺术修养、行为素质修养、心理素质修养。一个人能够在社会上立足,为社会、国家做出贡献,这四方面的修养是缺一不可的。道德修养是最根本的修养;文化艺术方面的修养,体现在一个人的内涵素质和气质风度上;一个举止高雅、谈吐得体的具备行为素质修养的人是会受到大多数人欢迎的;心理素质也是人们在成长过程中需要时刻注意磨炼并提高的重要一环。从某种意义上说,一个人的成功与否很大程度上取决于他的心理素质的好坏。以上四方面的修养关系密切,任何一方面都不能轻易忽视。礼仪对于促进个人的素质修养至关重要。

(一)礼仪与思想道德修养

礼仪是道德规范的外化,它体现的是一个国家、一个民族、一个阶级的道德诉求。礼仪与道德修养之间是一种相辅相成的关系。一方面,礼仪的修习有助于促进道德修养的提高;另一方面,社会道德的进步完善及社会个体的道德修养的提高,又在不断地丰富着礼仪的文化内涵。二者在共同进步的同时丰富着自身。

礼仪由于具有几千年传承不衰的性质，因此，它本身就是传统道德的一种载体和化身。它所体现的中华民族几千年的思维模式、行为方式和价值取向，影响着每一个中国人的日常生活和处世为人的准则。它包括诚实守信、谦恭礼让、勤劳节俭、团结互助、尊敬师长等传统美德和礼仪规范。

（二）礼仪与文化艺术修养

礼仪经过几千年的传承流衍，经过数代人的改造和发展，使之具有了深厚的文化内涵。礼仪是一个国家、一个民族、一个地域、一个社会的历史、哲学、民俗、伦理、宗教、美学、政治等的文化知识的载体，它源远流长、博大精深，又多姿多彩、气象万千。中国古人说"腹有诗书气自华"，意思是说文化艺术修养可以使人的外在气质优美得体。礼仪是一种艺术化了的行为标准，人们日常生活按照礼仪去行事待人，就会有一种艺术的美，可以使与之接触的人感受到亲切、温暖，如沐春风、心旷神怡。这种美点缀了生活本身，也提高了我们的生活质量。

（三）礼仪与行为素质修养

行为是人类活动的特征，是人类有意识、有目的的活动。如《论语》中所说："行己有耻""行必果""行笃敬"等。礼仪行为是人们在一定的礼仪意识的支配下，在人与人之间的交往过程中表现出来的行为，其基本特征在于，它是个人和组织对他人和社会礼仪需要的自觉认识和自由选择的表现。通过礼仪训练可使人们的行为渐趋符合礼仪的原则和规范，引导交往活动趋于和谐美好。

（四）礼仪与心理素质修养

心理素质主要是指人的性格、情绪、意志、兴趣等个性特征，以及处理人际关系方面的自我调节能力等。而礼仪对人的心理素质的影响也主要体现在个性特征和自我调节能力上。具体来说主要是自尊、自信、自省、自新四个方面。这些优良的心理素质可以使人们及时有效地调整自己的心态，调整自己与他人的关系，使自己始终以一种最佳的精神状态立足于社会。

案例分析

网友卜嘉将自己的一次经历发在微博上，"刚才在东木头市走着，听到有人喊，回头看一个老太太在那躺着，随后老人喊我：'小伙子过来扶我一把。'声音还挺大，我再一看旁边，那么多人走过都没人扶，心里出于恐慌不敢过去，因为看到太多讹人的事件了，所以我就走了，这样做对吗？"

针对当前偶有发生的扶老人被讹事件，乘坐公共交通工具无人让座和"让座门"中被扇耳光的乱象，谈谈你的看法。

角色练习

中华人民共和国旅游行业标准（LB/T039-2015）《导游领队引导游客文明旅游规范》中4.1.3要求导游领队人员率先垂范。导游领队人员在工作期间以身作则，遵纪守法，恪守职责，体现良好的职业素养和职业道德，为旅游者树立榜样；导游领队人员在工作期间注重仪容仪表、衣着得体、展现良好的职业形象；导游工作人员在工作期间言行规范，举止文明，为旅游者做出良好示范。

以上条款体现出作为导游领队人员需要具备什么样的素质修养？

视野拓展

人在"囧"途

"大众旅游"时代已经到来，旅游路上人潮汹涌，但随之而来的旅游过程中的不文明行为也让原本美好初衷频现"囧态"。

君不见，马尔代夫的海边有我们的游客在捞珊瑚；君不见，埃及金字塔上曾留下我国游客"到此一游"的印迹；君不见，北京十字路口众人"组团"闯红灯；君不见，江苏虎丘山游客过后垃圾泛滥……

旅游中的陋习，不胜枚举。下面我们就盘点一下发生在我们身边的旅游、出行过程中最常见的十大不文明行为：

（1）随处抛丢垃圾、随地吐痰、吐口香糖。

（2）上厕所不冲水，不讲卫生。

（3）公共场所随便吸烟，污染公共空间。

（4）乘坐公共交通工具时争抢座位、相互拥挤。

（5）不遵守秩序，插队、加塞。

（6）公共场所高声接打电话、大声喧哗、扎堆吵闹。

（7）景区内随意攀爬、刻字留念，破坏景区草地、花木等。

（8）宗教场所嬉戏、玩笑、随意拍照。

（9）大庭广众之下脱去鞋袜、赤膊袒胸，酒足饭饱后剔牙、打嗝。
（10）说话脏字连篇，举止粗鲁专横，缺乏基本社交修养。

我们固然需要有"来一场说走就走的旅行"的勇气，但人在旅途，我们更需要旅游过程中保持良好素质和良好的行为习惯。你的旅行，不论走多远，都要记住："无穷的远方，无数的人们，都和你有关。"

任务评价表

序号	任务内容	任务要求	自我评价	备注
1	礼仪的内涵和功能	了解礼仪的内涵和功能		
2	道德的内涵和功能	了解道德的内涵和功能		
3	礼仪与道德建设	理解并领会礼仪与道德的关系，发挥礼仪的道德功能，加强道德礼仪建设		
4	礼仪与素质修养	理解并领会礼仪与素质修养的关系，加强素质修养		

项目关键词

礼仪之邦、礼仪渊源、礼仪、道德、道德建设、素质修养

 课后练习

1. 了解中国"礼仪之邦"称谓的由来。
2. 梳理中国礼仪发展历程及主要代表人物。
3. 简述什么是礼仪、礼仪的特征和原则。
4. 简述礼仪和道德的内涵。
5. 了解礼仪和道德的功能和范畴。
6. 说出礼仪和道德的关系，并简述如何发挥礼仪的道德功能。
7. 说说素质修养包括哪几个方面，以及礼仪与素质修养的关系。

项目六　职业形象塑造

项目概览

形象是当今社会的核心概念之一。塑造良好的礼仪形象和提升气质修养，比培养服务技能更复杂，需要一个更漫长的"养成"过程。本项目通过仪容礼仪、仪表礼仪、仪态礼仪三方面的学习与训练，使学生掌握职业形象设计的技法和练法，塑造和展现未来旅游服务人员良好的职业形象。

学习目标

（1）认识职业形象，熟悉职业形象与职业气质的概念，理解职业形象与职业发展的关系。

（2）通过仪容礼仪、仪表礼仪、仪态礼仪的学习和训练，掌握职业形象塑造的技法和规范。

（3）充分领会职业形象的内涵，懂得职业形象塑造的价值，树立起塑造良好职业形象服务于职业发展的美好愿景。

任务一　职业形象概述

任务描述

本任务要求学生通过对职业形象概述的学习，了解职业形象与职业气质的概念，理解职业形象与职业发展的关系，知晓职业形象塑造的价值所在。

相关知识

孔子曰："不学礼，无以立。"荀子曰："人无礼而不生，事无礼而不成，国无礼而不宁。"人们把礼仪看作是一个人基本素质和内在修养的外在综合表现，内外兼修的礼仪是塑造个人职业素养的关键和核心。旅游服务人员是旅游服务行业文化和信息的传播者及行业形象代言人。个人礼仪形象等同于职业形象，等同于行业形象，等同于国家形象，并会对树立企业形象和行业发展起着良好的促进作用。

一、职业形象

职业形象是指人们在职场公众面前树立的形象，包括个人的外在形象、品德修养、专业能力和知识结构等方面。它通过人们的衣着打扮、言谈举止反映出来。不同行业、不同企业、不同区域文化对个人的职业形象都有不同的要求。只有符合主流价值取向才能凸显个人的职业形象。职业形象就像职业生涯乐章上跳跃的音符，符合主旋律会给人美好的感觉和意外的惊喜；脱离了主旋律，就会破坏个人职业形象。

二、职业气质

职业气质是指人典型的、稳定的心理特征，突出表现为人在心理活动方面的动力过程，它能反映出一个人心理活动过程进行的速度、强度以及稳定性和指向性。它是个性的生理基础，直接影响着一个人的性格、兴趣、能力和活动效果。

根据国外职业分类规范和国内心理学界的研究成果，职业气质可以分为以下类型：变化型、重复型、服从型、独立型、协作型、机智型、严谨型等。不同气质类型的人，对待同一件事情的态度和处理方法，可能会迥然不同。

气质是先天的，职业气质是可以在教育条件和工作环境的影响下得到相当程度的改造的，它具有一定的可塑性。职业气质需要与工作特点相契合，与行业要求相契合，与职业发展相契合。

三、职业形象和职业发展

职业形象和个人的职业发展有着密切的关系。

首先，人的个性特征、特质通过形象表达，并且容易形成令人难忘的"第一印象"，第一印象在个人求职、社交活动中会起到很关键的作用。许多企业的人力资源部门在招聘员工时，对应聘者职业形象的关注程度要远远超出我们的想象，特别是在面试中对职业形象方面关注的比重非常高。

其次，职业形象影响个人业绩。良好的职业形象能体现专业度，给客户带来信赖感。如果在和合作伙伴打交道过程中，职业形象欠佳，则极有可能与良好的合作契机失之交臂。

最后，职业形象会影响个人晋升概率，良好职业形象是获得上司的认可、晋升的核心要素之一。两个同等优秀的人，一个有好的职业形象，而另外一个比较邋遢，公司的领导往往会选择职业形象好的那个。所以，职业形象也可能影响着一个人的职业发展。

四、职业形象塑造

在现在这个越来越关注外在形象的社会，职场人士的形象将可能左右其职业生涯发展前景，甚至会直接影响到其人生的成败。据著名形象设计公司英国CMB公司对300名金融公司决策人的调查显示，成功的形象塑造是获得高职位的关键。另一项调查显示，形象直接影响到收入水平，那些更有形象魅力的人收入通常比一般同事要高14%。知名形象设计师鞠瑾女士认为，职场中一个人的工作能力是关键，但同时也需要注重自身形象的设计，特别是在求职、工作、会议、商务谈判等重要活动场合，形象好坏将决定你的成败。

职业形象塑造的价值主要表现在以下几个方面。

（一）职业形象塑造是由人的本质和人的需要决定的

人的本质是一切社会关系的总和，社会是人们相互作用的产物。在各种复杂的社会关系中，最主要的关系是两大类：一类是物质关系；另一类是精神关系。无论是物质关系还是精神关系，都必须也只能通过社会交往表现出来。于是，人在实践活动中自觉意识到，要表现自己的本质，要实现主观的愿望，就需要在人际关系中遵行一定的规矩、规范。

另外，从人的需要的角度看，无论是人的高层次需要，还是低层次需要，为了获得满足都需要一定的条件。其中，知礼貌、守礼节，无疑是重要条件，特别是较高层次需要的满足，更离不开对礼仪规范的遵守。在人类社会中，一个人的需要满足和自我发展取决于与他直接或间接交往的其他一切人的发展，如果不懂礼貌，不重礼节，不注意仪态仪容，也就很难得到他人的尊重，自我的发展也会受到限制。

（二）职业形象塑造能唤醒人性的尊严和职业尊严感

礼仪是人与动物的根本区别之一。孟子说："今之学者，是谓能养，至于犬者，皆能生养，不敬，何以别乎？"人与动物的区别就在于人懂得尊敬别人。"恭敬之心，礼也"，尊重是礼仪的核心内容。礼仪是讲究等级秩序的，下级对上级、晚辈对长辈、主人对客人等，都要恭敬；反过来，上级对下级也要礼贤下士，长辈对晚辈要关怀爱护，客人对主人要客随主便。凡是认同、遵从礼仪规范的人都能在礼仪实践中体验到人的尊严，人的"尊严"是人格的支柱。

"职业的尊严"激发人们对职业的敬畏和热爱。一个成功的形象，展示给人们的是自信、尊严、力量、能力。它不仅仅反映在视觉效果上，同时它也是一种外在辅助工具，它让人对自己的言行有了更高的要求，唤起自己内在沉积的优良素质，通过你的穿着、微笑、目光接触、握手，一举一动，让你浑身都散发着一个成功者的魅力，使你的事业事半功倍。

（三）职业形象塑造能够唤醒和激发人们对美的追求

职业形象中的职业礼仪对人的言谈、举止、仪态、仪表都有所规范，这一切综合地体现在一个人的气质、风度和魅力上。它们并非指人的某一个动作，而是指人的全面姿态给人的综合印象，包括思想、品德、性格、情操等内在品质，以及言谈、举止、仪态、仪表等外在素质。

职业礼仪和职业规范在人们的实践过程之中，客观上能引起人们的愉悦等情感反应，由于其这一属性，因而具有美的价值。所以说良好的职业形象能使人产生兴奋、愉悦的情绪，并进而产生积极的态度和行为，唤醒和激发人们对美的追求，易于使交往对象产生认同感，获得交往的成功。

案例分析

英国举国欢庆女王伊丽莎白二世登基60周年之际，纽约时报网站刊载了有关英国女王伊丽莎白二世如何考虑自身穿着的文章。不同于一般明星的过于现代开放或俗套的大红大紫，伊丽莎白二世在漫长的岁月中展现出其独特的穿衣品位。

那么，究竟一代英女王的风格是怎样"穿"出来的呢？她对于高端时尚并无特别的要求，但是对于那些能够衬托出其女王权威形象的细节她会特别上心。经过哈特内尔、赫迪雅曼和安吉拉·凯莉等服装设计大师的精心辅助，她运用一些简单的形状和色块形成自己的服装风格。用最简明的流行元素让炫目的女王形象呼之欲出。仅从服饰搭配就透露出女王的风范。"她的穿着让她立刻就能被认出来，即便是小孩子也知道她是谁。"

"我必须被看见，公众才会相信我"，女王最新的传记作者萨利·贝德尔·史密斯在书中援引女王伊丽莎白二世的话说。这一"大智若愚"的宣言的确是形象唯上的英国政界风貌的佐证。换而言之，女王伊丽莎白二世成功之处在于她身体力行地用自身诠释了女王的定义和形象。

你对英国女王伊丽莎白二世如此诠释女王形象怎么看？她符合你心目中的女王形象吗？

角色练习

良好的形象是美丽生活的代言人,是迈向人生更高阶梯的扶手,是走进成功神圣殿堂的敲门砖,良好的形象是成功人生的潜在资本。对自身而言,好形象可以增强自己人生的自信;亦能够较容易地赢得他人的信任和好感,同时吸引他人的帮助和支持从而促进自己的成功。所以,选择了职业方向的我们,应设计好自己的形象,为以后的工作打下良好的基础。

个人职业形象设计

姓名		年龄	
身高		体重	
脸型		发型	
胖瘦		体型	
如今的自己			照片
走向工作岗位的我			照片

视野拓展

在国家形象宣传片中我代表谁?

——马云在"赢在中国"的演讲

我特别荣幸能够参与国家形象,我想马云不是一个人,是这一代的一群人。我们出生在60年代,我们发展于现在这个世纪,是在中国今天这个互联网经济下催生的一代人。所以在国内很多人认为马云你的想法是疯狂的,你这个东西是忽悠人的,你这个东西是不靠谱的。国内很多人叫我ET,不仅说我长得像思想上也像外星人,我自己觉得人家不喜欢我们和喜欢我们道理都是一样的。我想说我们代表着未来,代表着未来中国乃至世界的商业,它们就应该是这样的。

所以我想我荣幸地代表说,在中国今天的经济形势下,在全世界商界里面,马云不是我,马云代表着在今天的中国和今天的世界里,这样的创业者、这样的精神、这样的毅力、这样的团队,我们对这代人做出贡献,我从来没说过想为杭州争光、为浙江争光、为中国争光,我觉得我们应该为全世界这代人争光,是一代人的事情,它不是一个国家的事情,不是一个地区的事情,所以这是我个人的理解。

我挺喜欢传奇的，但我不是传奇，我是平凡的人，我最怕别人把我看成圣人、教父，晕了。我跟大家没什么区别，是淘宝和阿里巴巴给了我光环，不是我给淘宝、阿里巴巴、支付宝光环，是两万多名员工帮了我，不是我帮了他们。希望以后大家永远觉得我们是一样的，事实上我们就是一样的，我只是比你们早生，我才会早些成功。只要你也愿意这么用心努力，十年以后，你也一定可以，没什么传奇的。

任务评价表

序号	任务内容	任务要求	自我评价	备注
1	职业形象	了解什么是职业形象		
2	职业气质与职业发展	区别职业形象与职业气质，了解职业形象对职业发展的积极作用		
3	职业形象的价值	认识职业形象塑造的意义，树立塑造良好职业形象的信心和决心		

任务二　仪容仪表礼仪

任务描述

本任务要求学生通过仪容仪表礼仪的学习，熟悉并理解仪容仪表礼仪的内涵和基本要素，掌握仪容修饰、仪表（正装礼仪）的规范和技能，从而培养其良好的职业形象塑造能力和审美情趣。

相关知识

西方学者的研究总结出初次形象沟通的"55387"定律：一个人给别人的第一印象55%取决于外表、穿着、打扮，38%取决于肢体语言以及语气，谈话内容占到7%。

仪容是指一个人的外表和容貌，也是一个人内在品质的外部反映，仪容仪表可以经过后天修饰给人以良好的感觉，进而凸显秀外慧中的内在修养。旅游服务人员只有掌握了仪容仪表修饰的美学原则和技法，才能改善个人的精神面貌和职业风采，并且有效提高人际交往能力和提升服务质量。

一、仪容礼仪

仪容,通常是指人的外表、容貌。面部、头发、四肢、体味都属于仪容的范畴。人的仪容多为遗传所致,可是仪容之美尽管悦人,却无法永驻,必要的修饰不可或缺,也是保持仪容美的重要方法。在人际交往中,仪容反映一个人的精神面貌、朝气和活力,是传达给接触对象感官最直接、最生动的一个信息。每个人的仪容都会引起交往对象的特别关注,并将影响到对方对自己的整体评价。

(一)仪容美的内涵

从某种角度来说,仪容美可以分为三个方面。一是仪容自身的美,即人体本然的美;二是仪容修饰的美,即对人的自然本体进行妆扮而创造的美。仪容自身的美和仪容修饰的美二者应该是可以融为一体的,人们进行化妆,追求的目标和最佳效果即是二者融一。但是,二者虽然密切相关却并不相同,仪容自身,是天然生就的,而修饰装扮,则完全是人为的事情。仪容美的第三个方面就是涵盖仪容、仪表、心态、内涵的气质之美。气质美=自信+素质+涵养+言行+着装,就是一种动态的美,是流动的美。有人说过:外表美并不是真正的美,只有内在美才是最真实的美。漂亮的标准可以写在脸上,但最能打动人心的却是文化修养,是宽容、大度、内在与外在的和谐统一。

(二)仪容美的要素

仪容主要包括面部、头发、手部和体味四个部分。仪容美的基本要素是貌美、发美、肌肤美。面容是指人的面貌和外观。脸部是一个人的门面,也是一个人内心世界的反映,美好的面容一定是能让人感觉到其五官构成彼此和谐并富于表情,给人以愉悦的感觉;居于人体最高点的头发是仪容的重要内容,头发的造型和保养能体现一个人的审美需求和性格特征,也反映出一个人的精神面貌;手被称为人的"第二张脸",是心灵的镜子,手部做清洁和保养,使肌肤健美并使其充满生命的活力,给人以健康自然、鲜明和谐、富有个性的深刻印象;每个人都有一种独特的体味,由皮肤的表面细菌形成,它同人的指纹一样,是唯一的,身体的体味也是仪容的重要内容。

(三)仪容美的修饰

1. 仪容修饰的主要内容(见图6-1)
2. 仪容修饰的要求

为了维护自我形象,有必要修饰仪容。在仪容的修饰方面要注意以下四点:其一,是仪容要干净。讲究卫生,是公民的义务。其二,是仪容要整洁。整洁,即整齐洁净、清爽。要使仪容整洁,旨在养成良好的习惯,

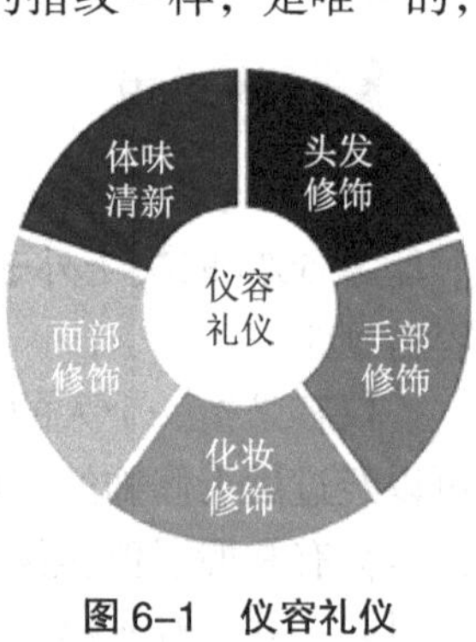

图6-1 仪容礼仪

重在重视持之以恒。其三，是仪容要简约。仪容既要修饰，又忌讳标新立异、"一鸣惊人"，简练、朴素最好。其四，是仪容要端庄。仪容庄重大方，斯文雅气，不仅会给人以美感，而且易于使自己赢得他人的信任。

3.仪容修饰的规范

（1）面部修饰：干净、清爽、自然、美观的面容体现出积极向上、富有朝气的服务状态，给客人以快乐和美好的享受。在旅游服务工作岗位上的员工应注意修饰，正确得当的修饰能给人以愉悦，得到顾客的认同，从而提升员工的气质与修养、提升企业的层次与形象。

面部修饰规范要做到：

①随时保持面部清洁，眼部分泌物要及时清除。

②眉毛刻板或不雅观的话，可进行必要的修饰。

③视力矫正眼镜应该大方得体，适合佩戴。

④清洁鼻腔，要随时保持干净，不要让鼻涕或别的东西充塞鼻孔。经常修剪长到鼻孔外的鼻毛。

⑤嘴角清洁干净，无异物，牙齿洁白，口腔无异味。

⑥男士清洁胡须。

（2）头发修饰：头发整洁、发型大方是个人礼仪对发式的基本要求。个人的发式能恰如其分地展现自身个性和职业特征，并给交往对方带来视觉上的冲击。旅游从业人员选择适合自身和职业特征的发型，可以充分体现出个人的礼仪修养和精神风貌。

头发修饰规范要做到：

①头发干净：保持头发整洁，每三天内必须洗一次头。

②修剪头发：修剪头发同样需要定期进行。在正常情况下，通常应当每半个月左右修剪一次自己的头发。至少也要确保每个月修剪一次头发。

③梳理头发：梳理头发是每天必做之事，而且往往应当不止一次，凡有必要的时候都要进行梳理。

④长短适度：如男士要"前发不覆额，侧发不掩耳，后发不及领"。

⑤发型的选择：发型是构成仪容美的重要内容。美观的发型能给人一种整洁、庄重、洒脱、文雅、活泼的感觉。根据不同人的发质、肤色、脸型、服装、身材等选择相匹配的发型，做到扬长避短，和谐统一，增加人体的整体美。

（3）手部修饰：手是肢体中使用最多、动作最多的部分。手部形象不佳，整体形象将大打折扣，在服务互动中也会给服务减分。洁净和美观的手部能增添对方的好感和信任，也展现了自身的自爱和美好。

手部修饰规范要做到：

①手部的保洁：在清洗手部时要确保无污垢，无污痕。并且做到"四洗"，即上岗之前要洗手，手脏之后要洗手，接触精密物品或入口之物前要洗手，上卫生间前后要洗手。在服务岗位上不可做不合礼仪的手部动作，例如揉眼睛、掏耳朵、抠鼻孔、剔牙、搔头发、抓痒、脱鞋袜等。

②手部的保养：手部要做到勤保养悉心照料，使手部不粗糙、不破裂、不红肿、不生疮、不长癣并少创伤。

③手指的装饰：手上的指甲应定期修剪，保持清洁、整齐。养成"三天一修剪，每天一检查"的习惯，手指甲一般不应超过其手指尖，不涂彩色指甲油。

（4）体味的清新：体味，是指人类及其他生物散发出的特殊而天然的气味。根据个人感觉不同，它分为不良体味及清洁体味，俗语说就是有"香""臭"之分。而且同指纹一样，没有哪两个人体味完全相同，因此可作为个体特征之一。体味较集中于口腔、腋部、脚部以及汗腺发达部位。保持体味清新是服务人员最基本的要求。

保持体味清新要做到：

①随时保持个人卫生，勤洗澡和换洗衣服，防止汗臭。

②保持口腔卫生，坚持早晚刷牙，饭后漱口，注意防治口臭，不可口吐烟味。

③上班前不吃带异味的食品及饮用含酒精的饮料。

④适度使用香水，选择适合自己的品牌，适量喷洒。

（5）妆容修饰：妆容指人体通过某种装扮修饰形成的外在形态表现。从"妆"字和"容"字分开来，可以理解为通过打扮装饰凸显的人体神态、状态或者说形象、效果。从化妆角度看，有面部和整体装束之分。即对自己容貌上的某些缺陷加以弥补，以期扬长避短，使自己更加美丽，更为光彩照人。经过化妆之后，人们大都可以拥有良好的自我感觉，身心愉快、振奋精神，缓解来自外界的种种压力，而且可以在人际交往中，表现得更为开放，更为自尊自信，更为潇洒自如。服务妆容要做到：自然、淡雅，给人以自然大方、素净雅致的整体感觉。

妆容修饰主要包括以下内容：

①皮肤护理：洁面，用有效的清洁用品彻底清洁皮肤。护肤，涂抹能改善并保护皮肤的护肤品，包括紧肤水或爽肤水、面霜、眼霜。

②上妆的步骤：洁面—修眉—上水、乳、霜（眼霜）精华—打粉底—定妆—眉毛—眼妆—涂腮红—涂口红等。

③卸妆保养：及时清洁面部肌肤，做好营养补充，一般一周做两次为肌肤补充营养的面膜，最好是纯天然面膜。

工作妆的主要特征是，简约、清丽、素雅，具有鲜明的立体感。它既要给人以深刻的印象，又不容许显得脂粉气十足。总的来说，就是要清淡而又传神，若有若无，自然而然，好似天生如此。化妆要做好以下几个方面：化妆的浓淡要视时间、场合而定；不要在公共场所内化妆，也不要在他人面前化妆，特别是不要在男士面前化妆；不要非议他人的妆容；不要借用他人的化妆品，这样既不卫生，又不礼貌。

二、仪表礼仪

仪表，指一个人的外表，它是一个人总体形象的统称，除了容貌、发型之外，还包括人的服饰、装饰、身体、姿态等。仪表要协调，是指一个人的仪表要与他的年龄、体形、职业和所在的场合相吻合，并且表现出一种和谐，这种和谐能给人以美感。一个人的仪表不但可以体现他的文化修养，也可以反映他的审美趣味。穿着得体，不仅能赢得他人的信赖，给人留下良好的印象，而且还能够提高与人交往的能力。相反，穿着不当，举止不雅，往往会降低自己的身份，损害自己的形象。由此可见，仪表是一门艺术，它既要讲究协调、色彩，也要注意场合、身份。同时它又是一种文化的体现。

（一）仪表美的内涵

仪表美有三个层面的内涵。一是仪表的天然美。即所谓的天生丽质，先天娇好的面容和迷人的身段。"清水出芙蓉，天然去雕饰"是人们赞颂自然美的诗句。二是仪表的修饰美。它是指根据相关的规范和个人特点，对仪表进行必要的修饰，扬长避短，从而塑造出良好的个人形象。仪表美是一种整体的美，修饰中强调和谐之美。三是仪表的内在美。它是指通过不断提高文化、艺术、道德等方面的修养，培养高雅的气质与美好的情操，给人以秀外慧中、表里如一的美感。仪表美是这三个层面的高度统一，是内在美与外在美的统一。真正的美，应该是个人良好内在素质的自然流露。要想有好的仪表，要想在人际交往中给人以良好的印象，就必须从文明礼貌、文化修养、道德情操、知识才能等各方面来不断提高个人修养。

仪表礼仪中服饰的美最为关键，本任务主要探讨服饰礼仪。服饰是人形体的外延，包括衣、裤、裙、帽、袜、鞋、手套及各类服饰物，它们既起着遮体御寒又起着美化人体的作用。服饰也是一种无声的语言，它传达着一个人的个性、身份、涵养及其心理状态等多种信息。正如莎士比亚所说："服饰往往可以表现人格。"一个人穿戴什么样的服饰，直接关系到别人对他个人形象的评价。事实证明，服饰只有与穿戴者的气质、个性、身份、年龄、职业以及场合、时间协调一致时，才能真正达到美的境界。古希腊"和谐就是美"的美学观点在服饰美中得到了最充分的体现。

(二)服饰礼仪的基本原则

服装不仅是社会发展和社会风尚的体现,更代表一个人的生活品位和审美情趣,也代表一个人的性格特征和职业素养,服装是一种特殊的"身份证"。意大利著名影星索菲亚·罗兰说:"你的服装往往表明你是哪一类人物,它们代表着你的个性。一个和你会面的人往往自觉不自觉地根据你的衣着来判断你的为人。"服饰礼仪要遵循以下原则。

1. TPO 原则

即遵循国际公认的服饰交际礼仪"TPO"原则。TPO 原则这一概念是日本男装协会于 1963 年提出的,是英语"Time""Place""Object"三个单词的首字母缩写。T 指时间,P 代表地方、场合和职位等,O 代表目的、目标和对象等。是指人们选配和穿着服装时必须考虑时间地点和场合这三个基本因素,只有当服饰遵循了 TPO 原则的时候,它才是合乎礼仪的,才能够给公众以可敬、可信、可亲的心理效应。

2. 个性化原则

是指在社交场合树立个人形象的要求。一个人所穿的服装往往能传达出性格、爱好、心理状态等多方面的信息,不同的人由于身材、年龄、性格、职业、文化素养等不同,自然就会有不同的个性特点。所以服装选择首先应考虑自身特点,把握形体尺寸,力求做到"量体裁衣",扬长避短;其次保持并创造自己所独有的风格,突出长处,符合个性要求,选择能与个性融为一体的服装,这样才会展示个性,尽显个人风采,保持自我,以区别于他人。因此,只有当服饰与个性协调时,才能更好地发挥其效应,塑造出自己的最佳形象和礼仪风貌。

3. 整体协调原则

在选择服装款式、颜色、面料时做到与自身条件和交际环境相协调,着装的各个部分要相互呼应,精心搭配,在整体上尽可能做到完美、和谐,达到人、着装、环境、场合的和谐统一。

(三)正装礼仪

所谓正装,是指适用于严肃场合的正式服装。正装就是正式场合的装束,而非娱乐或居家环境的装束。如西服、中山装、民族服饰等。男士的正装穿着应该十分讲究。在西方国家,正装包括西装、燕尾礼服;在中国,正装则以西装为主,有时也可以穿着中山装。

1. 男士西服着装礼仪

西装是一种国际性服装,西装,又称西服、洋服。它起源于欧洲,目前是全世界男士唯一的商务正装。西装是男士最常见的办公服,也是现代交际中男子最得体的着装，男士穿起来给人一种彬彬有礼、潇洒大方的深刻印象，所以现在越来越多地被用于正式场合，也是商务人士必备的服饰之一。它做工讲究，造型优美，传统上我们把穿着挺括看作是彬彬有礼，穿着西服展现出正式、庄重的职业风范，也体现了对他人的敬重和对职业的敬畏。

（1）西装的款式（见图6-2）。

图6-2　西服款式

按西装的件数来划分：①套装西装。分两件套（上装和下装）、三件套（上装、下装、西装背心）；②单件西装。

按西装的纽扣来划分：①单排扣西装（1粒、2粒、3粒）；②双排扣西装（2粒、4粒、6粒）。注：单排扣2粒和双排扣4粒最为正规，较多地用于隆重、正式的场合。

按适用场合不同来划分：①正装西装；②休闲西装。

（2）西装的衬衫。

与西装配套的衬衫应为"正装衬衫"。一般来讲，所选择的正装衬衫应具有以下特征：

面料：应为高织精纺的纯棉、纯毛面料，或以棉、毛为主要成分的混纺衬衫。

颜色：必须为单一色。白色为首选，蓝色、灰色、棕色、黑色亦可；杂色、过于艳丽的颜色（如红、粉、紫、绿、黄、橙等色）有失庄重，不宜选。

图案：以无图案为最佳，有较细竖条纹的衬衫有时在商务交往中也可以选择。

领型：以方领为宜，扣领、立领、翼领、异色领不宜选。穿西装时衬衫的领头要硬实挺括，要干净，不能太软。

衣袖：正装衬衫应为长袖衬衫。

2. 正装衬衫的穿着规范

衣扣：衬衫的第一粒纽扣，穿西装打领带时一定要系好；相反，不打领带时，一定要解开。再有，打领带时衬衫袖口的扣子一定要系好，而且绝对不能把袖口挽起来。

袖长：衬衫的袖口一般以露出西装袖口以外1.5厘米为宜。这样既美观又干净，但要注意衬衫袖口不要露出太长，那样就是过犹不及了。

下摆：衬衫的下摆不可过长，而且下摆要塞到裤子里。在服务中穿着统一的制式衬衫，系着领结，衬衫的下摆却没有塞到裤裙中去，会给人一种不伦不类、很不正规的感觉。

不穿西装外套只穿衬衫打领带仅限室内，正式场合不允许。

（1）领带。

领带是男士在正式场合的必备服装配件之一，它是男西装的重要装饰品，对西装起着画龙点睛的重要作用。所以，领带通常被称作"男子服饰的灵魂"。

①领带的选择：

面料：质地一般以真丝、纯毛为宜，档次稍低点就是尼龙的了。绝不能选择棉、麻、绒、皮革等质地的领带。

颜色：一般来说，服务人员尤其是酒店从业者以选用与自己制服颜色相称、光泽柔和、典雅朴素的领带为宜。颜色一般选择单色（蓝、灰、棕、黑、紫色等较为理想），多色的则不应多于三种颜色。

图案：领带图案的选择要坚持庄重、典雅、保守的基本原则，一般为单色无图案，宜选择蓝色、灰色、咖啡色或紫色。

款式：不能选择简易式领带（如"一拉得"）。

质量：外形美观、平整、无跳丝、无疵点、无线头、衬里毛料不变形、悬垂挺括、较为厚重。

②系领带的规范：

注意场合：打领带意味着郑重其事。

注意与之配套的服装：西装套装非打不可，夹克等则不能打。

注意性别：为男性专用饰物，女性一般不用，除非搭配制服或作装饰用。

长度：领带的长度以自然下垂最下端（即大箭头）及皮带扣处为宜，过长过短都不合适。领带系好后，一般是两端自然下垂，宽的一片应略长于窄的一片，绝不能相反，也不能长出太多，如穿西装背心，领带尖不要露出背心。

结法：挺括、端正、外观呈倒三角形。

（2）西裤。

因西装讲究线条美，所以西裤必须要有中折线；西裤长度以前面能盖住脚背，后边能遮住 1 厘米以上的鞋帮为宜；不能随意将西裤裤管挽起来。

（3）皮鞋和袜子。

皮鞋：首先穿整套西装一定要穿皮鞋，不能穿旅游鞋、便鞋、布鞋或凉鞋，否则会显得不伦不类。其次，在正式场合穿西装，一般穿黑色或咖啡色皮鞋较为正规。但，需要注意的是，黑色皮鞋可以配任何颜色的西装套装，而咖啡色皮鞋只能配咖啡色西装套装。白色、米黄色等其他颜色的皮鞋均为休闲皮鞋，只能在游乐、休闲的时候穿着。

袜子：穿整套西装一定要穿与西裤、皮鞋颜色相同或较深的袜子，一般为黑色、深蓝色或藏青色，绝对不能穿花袜子或白色袜子。在国际上，很多人把穿深色西装白袜子的男子戏称为"驴蹄子"，认为是没有教养的男子的典型特征。另外，男子袜子的质地一般以棉线为宜，袜口要高及小腿部位，不然坐下后露出皮肤，则非常不雅观。

（4）西装的扣子。

西装的扣子有单排扣与双排扣之分。单排扣有 1 粒、2 粒、3 粒；双排扣有 2 粒、4 粒和 6 粒。

单排扣的西装穿着时可以敞开，也可以扣上扣子。照规矩，西装上衣的扣子在站着的时候应该扣上，坐下时才可以敞开。单排扣西装的扣子并不是每一粒都要系好的：单排扣 1 粒的扣与不扣都无关紧要，但正式场合应当扣上；2 粒的应扣上面的一粒，底下的一粒为样扣，不用扣；3 粒扣子的扣上中间一粒，上下各一粒不用扣。

双排扣的西装要把扣子全系上。

西装背心的扣子。西装背心有 6 粒扣与 5 粒扣之分。6 粒扣的最底下那粒可以不扣，而 5 粒扣的则要全部都扣上。

（5）西装的口袋。

西装讲求以直线为美。所以，西装上面的口袋多为装饰袋，是不能够装东西的。

上衣口袋：穿西装尤其强调平整、挺括的外观，这就是线条轮廓清楚、服帖合身。这就要求上衣口袋只作装饰，不可以用来装任何东西，但必要时可装折好花式的手帕。

西装左胸内侧衣袋：可以装票夹（钱夹）、小日记本或笔。

右侧内侧衣袋：可以装名片、香烟、打火机等。

裤兜：也与上衣袋一样，不能装物，以求裤型美观。但裤子后兜可以装手帕、零用钱等。

千万需要注意的是，西装的衣袋和裤袋里，不宜放太多的东西，搞得鼓鼓囊囊的。而且，把两手随意插在西装衣袋或裤袋里，也是有失风度的。

（6）男子着西装"三个三"。

商务交往中的正式社交场合，男士着西装遵循"三个三"以体现自身的身份和品位。

①三色原则：正式场合，着西装套装全身上下不超过三种颜色。

②三一定律：着西装正装，腰带、皮鞋、公文包应保持同一颜色——黑色。

③三大禁忌：西装左袖的商标没有拆；穿白色袜子、尼龙袜子出现在正式场合；领带的打法出现错误。

3. 女士正装礼仪

女士穿西服套裤（裙）时，可塑造出正式规整的职业形象。女式正装上衣讲究平整和挺括，较少使用饰物和花边进行点缀，穿着时要求纽扣应全部系上，双排扣的则应一直系着，包括内侧的纽扣。

颜色：职业套裙的最佳颜色是黑色、藏青色、灰褐色、灰色和暗红色。精致的方格、印花、条纹样式的也可以接受。

衬衣：衬衣颜色有多种选择，只要与套装相匹配就好。纯白色、米白色和淡蓝色衬衣与大多数套装相匹配。丝绸、纯棉都是最好的衬衫面料，但都要注意熨烫平整。

裙子：女士正装裙子以窄裙为主。年轻女性的裙子可选择下摆在膝盖以上3~6厘米的，但不可太短；中老年女性的裙子则应选择下摆在膝盖以下3厘米左右的。裙内应穿着衬裙。真皮或仿皮的西装套裙均不宜在正式场合穿着。

丝巾：选择丝巾需要注意包含有套裙颜色。围巾选择丝绸质地为佳。

袜子：女士穿裙子应当配长筒袜子或连裤袜，颜色以肉色、黑色最为常用。女士袜子一般要大小相宜，不可在公共场合整理自己的长筒袜子，而且袜子口不能露出，否则会很失礼。不要穿带图案的袜子，因为它们会引人注意你的腿部。应随身携带一双备用的透明丝袜，以防袜子拉丝或跳丝。

鞋：黑色船鞋最为妥当，穿着舒适，美观大方。建议鞋跟高度在3~4厘米。鞋的颜色应当和西服一致或再深一些。衣服从下摆开始到鞋的颜色应保持一致。

☞ 案例分析

容止格言与南开精神

"面必净，发必理，衣必整，纽必结；头容正，肩容平，胸容宽，背容直。

气象：勿傲、勿暴、勿怠；颜色：宜和、宜静、宜庄。"是南开容止格言。立志"为中华崛起而读书"的开国总理周恩来，朴实勤俭、仪表垂范、作风严谨，堪称一代楷模；无独有偶，以"为社会进步做出贡献"作为人生理想的总理温家宝，有着与之相似的口碑，仪表规整、精神抖擞、作风严谨、一丝不苟、勤俭朴素、风度宜人。两任总理都就读于南开中学，在南开容止格言的训导中成长，折射出了平凡中铸就的伟大。"百年南开两总理，十秩春秋万栋梁"。

对于仪容仪表的严格要求看似生活小事，其实是一件关乎社会文明的大事。一个人仪态懒散，一个国家的国民蓬头垢面，精神涣散。这样的精神面貌，又怎么能谈得上救国强国呢？希冀青年一代从最基本的日常生活起居做起，焕发精神，进而为中华民族的复兴大业贡献力量。

一衣不整，何以拯天下？请结合容止格言谈谈你心目中的中国梦。

角色练习

1. 根据教材内容完成实训任务评价

仪容规范履行情况检查表

部位	要素	标准	自检	他检
面部	面部	清爽、干净		
	口腔	牙齿干净、无烟垢、无牙渍，口气清新		
	鼻孔	清沽、无外露鼻毛		
	眉毛	整洁、无杂毛、无连毛		
	耳朵	清洁，耳孔及耳弯无污垢		
头部	头发	清洁无头屑、无油脂、光泽有弹性、无异味		
	颜色	自然、无颜色混杂		
	盘发发型	端庄、整洁、一丝不乱		
	短发发型	梳理整齐、长短适宜		

续表

部位	要素	标准	自检	他检
四肢	手部	洁净、无污垢、无污痕		
	手指	指甲缝里无污垢、指甲长度适中、外形美观		
	手臂	光洁、无粗糙、红肿、长癣		
	腿部	不暴露体肤或腿毛过长		
体味	体味	清新，无异味		

2. 课堂上，教师准备两套西服邀请学生穿着示范，并请学生完成西服着装规范的履行评价。

男士西服着装规范履行情况检查表

要素	标准	自检	他检
西服	检查西服款式		
	检查西装纽扣		
衬衫	检查衬衫（面料、颜色、图案、领型、衣袖）		
	衬衫的穿着（衣扣、袖长、下摆）		
领带	检查领带（面料、颜色、图案、款式、质量）		
	系领带规范（长度、结法）		
西裤	穿着规范		
皮鞋	穿着规范		
袜子	穿着规范		
纽扣	系法规范		
口袋	口袋规范		

视野拓展

化妆技艺

步骤	目的	操作要点	注意事项
打粉底	调匀肤色 柔和光泽	①择粉底霜； ②用海绵取适量粉底，涂抹细致均匀、层次自然	①粉底霜与肤色反差不宜过大； ②切记在脖颈部位打上粉底，以免面部与颈部"泾渭分明"
拍定妆粉	提亮肤色 柔和定妆	从皮脂最多的鼻头扑起，然后额头、面颊、眼窝处	拍粉不要太多、不要缺漏，喷洒少量水雾
画眼线	改善眉形 美妆眼睛	①先粗后细，由浓而淡； ②上眼线从内眼角向外眼角画； ③下眼线从外眼角向内眼角画； ④做到上粗下细、上长下短	①一气呵成，生动而不呆板； ②上下眼线不可在外眼角处交会
施眼影	明亮双眼 立体面部	选择与个人肤色搭配适中的眼影，由浅而深，施出眼影的层次感	①眼影色彩不宜过分鲜艳； ②工作妆应选用浅咖啡色眼影
描眉形	改善眉形 烘托容貌	①拔除杂乱无序的眉毛； ②逐根眉毛描眉形； ③根据自己的脸型修饰眉形	①使眉形具有立体感； ②注意两头淡、中间浓，上边浅、下边深
上腮红	红润面颊 轮廓优美	①选择适宜腮红； ②展晕染腮红； ③扑粉定妆	①腮红与唇膏或眼影属于同一色系； ②注意腮红与面部肤色过渡自然
涂唇彩	改善唇形 娇媚双唇	①用唇线笔描好唇线； ②涂好唇膏； ③用纸巾吸去多余的唇膏	①先描上唇，后描下唇，从左右两侧沿唇部轮廓向中间画； ②描完后检查一下牙齿上有无唇膏的痕迹
喷香水	掩盖异味 清新体味	①选择适宜的香水类型； ②涂于腕部、耳后、颌下、膝后等适当之处	①香水切勿使用过量； ②香水类型应气味淡雅清新

任务评价表

序号	任务内容	任务要求	待改进技能	备注
1	仪容礼仪	理解仪容美的内涵、掌握仪容美的要素		
2	仪表礼仪	熟知仪表美的内涵，了解服饰礼仪的基本原则		
3	仪容修饰	熟知仪容修饰的内容、掌握仪容修饰的规范及技巧		
4	仪表修饰	熟知男士西服礼仪的各大要素及规范；掌握男士西装礼仪的技法。熟知女士正装礼仪的要素及规范，掌握女士正装礼仪的技法		
5	认识自己	根据自身特征和职业要求制定出自己的仪容修饰和正装礼仪方案		

任务三 仪态礼仪

任务描述

本任务要求学生通过仪态礼仪的学习，熟悉仪态礼仪的概念及基本内容；掌握仪态礼仪规范和训练技巧，并能优雅得体地运用仪态礼仪和表达仪态美，塑造良好的礼仪形象。

相关知识

仪态是一种"无声的语言"，在日常交往中，人们通过语言交流信息，但在说话的同时，你的面部表情、身体的姿态、手势和动作也在传递着信息。对方在接收信息时，不仅"听其言"，也在"观其行"。在社会交往中，仪态还是一种无形的"名片"。仪态在表情达意方面也许不像有声语言那么明确和完善，但它在表露人的性格、气质、态度、心理活动方面却更为真实可靠。仪态是人们在成长和交往的过程中逐步形成的，因而具有习惯性的特点。总之，仪态美是一种更完善、更深刻的美。

一、仪态的概念和仪态美的内涵

（一）仪态的概念

仪态也叫仪姿、姿态，泛指人们身体所呈现出的各种姿势，它包括举止动作、神态表情和相对静止的体态。人们的面部表情，体态变化，行、坐、站、蹲等举手投足都可以表达思想感情。仪态是表现一个人涵养的一面镜子，也是构成一个人外在美好的主要因素。不同的仪态显示出人们不同的精神状态和文化教养，传递不同的信息，因此仪态又被称为体态语。

（二）仪态美的内涵

古代诗人张衡在《同声歌》中用"素女为我师，仪态盈万方"来赞美女子的美丽多姿。仪态美广义上是一个人在社会活动与交往中所表现出来的、被人认同的、具有积极意义的整体印象，是人的内在要素与外在要素在不同环境下综合体现出的美的姿态、优雅的气质和风度，是内在气质的外化。仪态美主要表现在以下方面：

第一是仪态文明。仪态要显得有修养，讲礼貌，不应在异性和他人面前有粗野的动作和体态。

第二是仪态自然。仪态既要规范庄重，又要表现得大方实在，不要虚张声势，装腔作势。

第三是仪态美观。这是高层次的要求，它要求仪态要优雅脱俗，美观耐看，能给人留下美好的印象。

第四是仪态敬人。要通过良好的仪态来体现敬人之意，力戒失敬于人的仪态。

二、仪态礼仪的主要内容（见图6-3）

（一）站姿礼仪

站姿是人的一种本能，是一个人站立的姿势，它是人们平时所呈现的一种静态的身体造型，同时又是其他动态身体造型的基础和起点，最易表现人的姿势特征。优美的站姿是姿态美的基础。女子要求优美，庄重大方，体现柔和轻盈；男子要求稳健，刚毅洒脱，体现阳刚之美。良好的站姿不仅给人以美感，同时也是一个人良好气质和风度的展现，并传递给他人积极、稳重的态度。

1. 站姿规范

"站如松"，意思是说人的站立姿势要像青松一样端正挺拔才更加美观。规范站姿要做到"三提一压、轻稳正"原则，即做到"提胸、提腰、提臀、压肩"。标

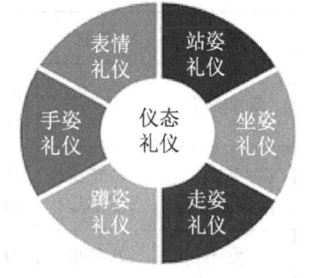

图6-3 仪态礼仪

准站姿要做到：

（1）头正，颈直，下颌微收，目视前方，表情自然微笑。

（2）双肩自然下沉，双臂自然下垂，手指自然放松弯曲。

（3）收腹，立腰，挺胸，拔背。

（4）两腿靠紧，双膝并拢，臀部收紧。

（5）两脚相靠，脚尖分开成"V"字形，身体重心在两脚之间。

2.站姿手位

（1）侧放式手位：成基本站立姿势，双臂自然下垂，处于身体两侧，中指指尖对准裤缝，手部虎口朝前，手指稍许弯曲，指尖向下（见图6-4）。

（2）前腹式手位：这是女性常用的手势，双手自然交叉在小腹前，女生通常为右手握于左手掌指关节处，男生为左手握于右手手腕处，双臂自然弯曲（见图6-5）。

（3）后背式手位：又称后叉式，双手放于后背腰处轻握（见图6-6）。

图6-4　侧放式手位站姿

图6-5　前腹式手位站姿

图6-6　后背式手位站姿

3.不同场合的站姿（见表6-1和图6-7）

表6-1　站姿脚位、手位及适用场合

站姿	脚位	手位	场合
标准站姿	八字步	两手放在身体两侧，手的中指贴于裤缝，成侧放式手位	这种站姿适用于升旗仪式等庄重严肃的场合
女士 前腹式站姿	八字步 丁字步	双手虎口相交叠放于脐下三指处，手指伸直但不要外翘，成前腹式手位	在工作及社交场合中可采用这种站姿
女士 腰际式站姿	八字步 丁字步	双手虎口相交叠放于腰际，用拇指可以顶到肚脐处，成前腹式手位	在迎宾或是颁奖等重大场合中采用这种站姿

续表

站姿	脚位	手位	场合
男士前腹式站姿	八字步小跨立步	左手在腹前握住右手手腕，或右手握住左手手腕	这种站姿适合在工作中与客户或同事交流时使用
男士后背式站姿	跨立步	双手在背后腰际相握，左手握住右手手腕或右手握住左手手腕	这种站姿适合在迎宾时使用

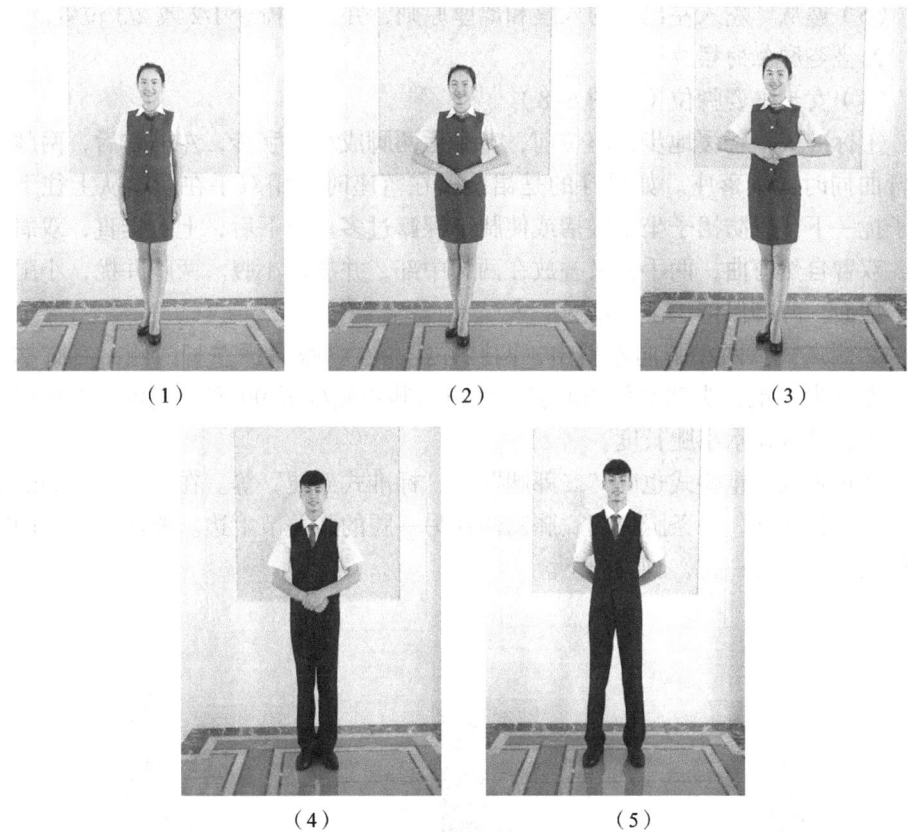

（1）　　　　　　　（2）　　　　　　　（3）

（4）　　　　　　　（5）

图 6-7　不同场合站姿

（二）坐姿礼仪

坐姿礼仪是人体静态美造型的重要表现形式。端庄、稳重、优雅的坐姿给人以舒适、高雅的感觉。服务人员在服务交往过程中，有时也需要以坐姿来面对顾客以表现优雅、安静、庄重的服务形象和耐心细致的服务态度。

1. 坐姿规范

"坐如钟"，指人的坐立姿态要像座钟般端直。坐是一种静态造型，是非常重要的仪态。正确的坐姿要求展示出姿态美、静态美、端庄美。优雅的坐姿要做到"一直二曲三定位",即"直腰、屈膝、定位"。标准的坐姿要做到:

(1)头正,颈直,下颌微收,双眼目视前方,面带微笑,表情自然。

(2)身体正直,挺胸收腹,背部挺拔。

(3)双腿自然并拢,双膝和双脚跟并拢,使上身和大腿、大腿和小腿、小腿和地面均保持90度。

(4)双肩放松,双臂自然弯曲内收,双手自然放在腿上或椅子的扶手上。

(5)遵从"左入左出"的入座和离座原则,并坐足椅子1/2或2/3位置。

2.坐姿脚位的摆放

(1)女士坐姿脚位(见图6-8)

①标准式:轻缓地步到座位前,转身后两脚成小丁字步,左前右后,两膝并拢弯曲同时向下落座。如果穿的是裙装,在落座时要用双手在后边从上往下把裙子拢一下,以防裙子坐出皱褶或使腿部裸露过多。坐下后,上身挺直,双肩平正,双臂自然弯曲,两手交叉叠放在两腿中部,并靠近小腹。两膝并拢,小腿垂直于地面,两脚保持小丁字步。

②侧点式:两小腿向左斜出,两膝并拢,右脚跟靠拢左脚内侧,右脚掌着地,左脚尖着地,头和身躯向左斜。注意大腿小腿要成90度的直角,小腿要充分伸直,尽量显示小腿长度。

③重叠式:重叠式也叫"二郎腿"或"标准式架腿"等。在标准式坐姿的基础上,两腿向前,一条腿提起,腿窝落在另一腿的膝关节上边。要注意上边的腿向里收,贴住另一腿,脚尖向下。

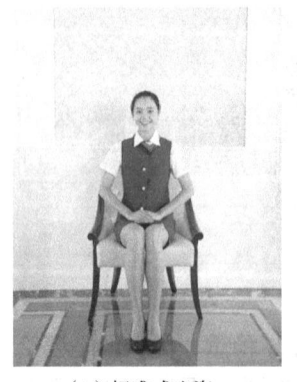 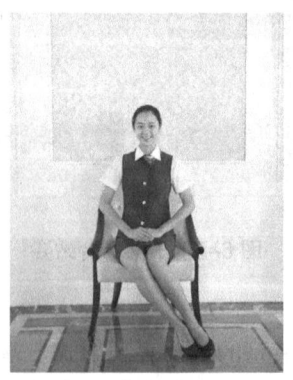 

(1)标准式坐姿　　　　(2)侧点式坐姿　　　　(3)重叠式坐姿

图6-8　女士坐姿

女士坐姿脚位还有前伸式、后点式、前交叉式等。

（2）男士坐姿脚位（见图6-9）

①标准式：上身正直上挺，双肩正平，两手放在两腿或扶手上，双膝并拢，小腿垂直落于地面，两脚自然分开成45度。

②重叠式：右腿叠在左膝上部，右小腿内收、贴向左腿，脚尖自然下垂。

男士坐姿脚位还有前伸式、前交叉式、屈直式、斜身交叉式等。

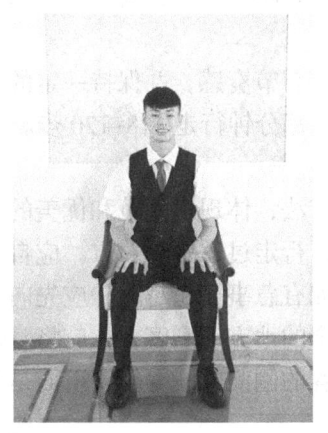
（1）男士标准式坐姿

（2）男士重叠式坐姿

图6-9　男士坐姿

（三）走姿礼仪

走姿是仅次于站姿的常用姿态。走姿是站姿的延续，良好的走姿给人以斯文、优美、健康朝气的感觉。服务人员的走姿不仅要姿态优美，还要精神有活力，从而显示出良好的精神风貌和服务状态（见图6-10）。

1. 走姿规范

"行如风"应做到行走如风，走动起来如风一般轻盈，自然优美，风度潇洒，富有节奏感。走姿是人体所呈现的动态，是站姿的延续，是体现人体动态美的重要形式，走势是"有目共睹"的肢体语言。女生应做到轻盈、优雅，男生应做到稳健、有力。正确的走姿有三个要点，即"从容、平稳、直线"。规范的走姿应做到：

图6-10　走姿礼仪

（1）行走时上体要保持正直，头部要端正，双目平视，下颌微收，面带微笑，肩部平稳，挺胸、收腹，使身体略微上提，身体协调。

（2）重心自然平稳，摆臂时双肩平衡，以肩关节为轴，大臂带动小臂，手掌向内，前后自然摆动，前后摆幅为30度左右。

（3）方向明确，步位直，两脚尖朝前，脚跟先着地，之后两脚内侧落地。女生走出的轨迹要在一条直线上，男生走在两条平行线上，两脚行走轨迹应相对为直线。

（4）步幅适当。前脚的脚跟与后脚的脚尖相距为脚长，跨步时，两脚之间相距约一只脚长度到一只半脚长度。

（5）步频平稳、步伐稳健、步履自然，要有节奏感，并保持一定的速度。一般情况下，男士每分钟行走108~118步，女士每分钟行走118~120步。

2. 服务型走姿

行走过程中会根据服务需要采取合适的方法，体现出规范和优美的步态。比如行走时路线一般靠右行，不可走在路中间；行走过程中遇对方，应自然注视对方，点头示意并主动让路，不可抢道而行；如有急事需超越时，应先向客人致歉再加快步伐超越，动作不可过猛；在路面较窄的地方遇到客人，应将身体正面转向客人；在来宾面前引导时，应尽量走在宾客的侧前方；等等。下面是几种经常应用的服务型走姿：

（1）后退步：扭头就走一般会被认为失礼，所以与人告别时，应当先后退两三步，再转身离去。退步时脚轻擦地面，步幅要小，先转身后转头。

（2）引导步：引导步是用于走在前边给宾客带路的步态。迎领客人的时候在基本行走姿态的基础上，走在宾客左侧前方，身体侧向客人45度，两脚交叉向前行走，保持两步的距离，眼睛余光注意前方和身后的客人。遇到上下楼梯、拐弯、进门时，要伸出左手示意，并提示请客人上楼、进门等。

（3）前行转身步：在前行中要拐弯进，要在距离所转方向远侧的一脚落地后，立即以该脚掌为轴，转过全身，然后迈出另一脚。即向左拐，要右脚在前时转身；向右拐，要左脚在前时转身。

（4）后退转身步：先后退几步，以左（右）脚掌为轴心，向右（左）转体90或180度，同时向右（左）迈出右（左）脚向后行走。

3. 不同着装的走姿要求

（1）男士穿西服时要注意保持身体挺拔，后背平正，走路的步幅可略大些，手臂自然放松、伸直摆动，手势要简洁、大方，步态要求舒展、矫健。

（2）女士穿裙装时步幅不宜太大，两脚内侧要落到一条线上，脚尖略向外开，两手臂自然摆动，幅度也不宜过大，臀部可随着脚步和身体的重心移动而稍左右摆动，体现出柔和、含蓄、典雅的风格。

（3）穿高跟鞋时，由于鞋跟较高，身体重心自然前移，为了保持身体平衡，必须挺胸、收腹、提臀，膝盖绷直，全身有挺拔向上的感觉。行走时步幅不宜过大，膝盖不要过弯，两腿并拢，两脚内侧落到一条线上，脚尖略向外开，足迹形成柳叶状，俗称"柳叶步"。

（四）蹲姿礼仪

蹲姿礼仪是人体静态美和动态美的结合。服务人员在整理工作环境、给予客人帮助、提供必要服务、拾拣地面物品时会采用这种姿态，得体的蹲姿给人以亲和、舒适的感觉。

1. 蹲姿规范

蹲姿是人在处于静态时的一种特殊体位。蹲姿三要点即迅速、美观、大方；起立动作要流畅、轻柔、文雅，姿态优美。

蹲姿要领：下蹲时一脚在前，一脚在后，两腿向下蹲，前脚全着地，小腿基本垂直于地面，后脚脚跟提起，脚尖着地。女性应靠紧双腿，男性则可适度将其分开。臀部向下，基本上以后腿支撑身体。

2. 常见蹲姿（见图6-11）

（1）高低式蹲姿　　　　（2）交叉式蹲姿　　　　（3）半蹲式蹲姿

图6-11　蹲姿

（1）高低式蹲姿

下蹲时右脚在前，左脚稍后，两腿靠紧向下蹲。右脚全脚着地，小腿基本垂直于地面，左脚脚跟提起，脚掌着地。左膝低于右膝，左膝内侧靠于右小腿内侧，形成右膝高左膝低的姿态，臀部向下，基本上以左腿支撑身体。

（2）交叉式蹲姿

在实际生活中常常会用到交叉式蹲姿，如集体合影前排需要蹲下时，女士可采用交叉式蹲姿，下蹲时右脚在前，左脚在后，右小腿垂直于地面，全脚着地。左膝由后面伸向右侧，左脚跟抬起，脚掌着地。两腿靠紧，合力支撑身体。臀部向下，上身稍前倾。

（3）半蹲式蹲姿

为人们在行进服务过程中临时采用，身体呈直立半蹲，双膝弯曲，臀部向下，身体重心在两条腿上，两脚不要过度分开。

3. 注意事项

下蹲时应注意：不要突然下蹲；不要距人过近；不要方位失当；不要毫无遮掩；不要蹲着休息；不随意滥用等。

（五）手势礼仪

手势礼仪是人们在社交活动中表达思想、传情达意时，双手所呈现的具体动作和体位的姿势。它是静态美和动态美的结合，也是人的第二张脸，丰富多彩。在服务中，使用规范、恰当、适度的手势，有助于增强表情达意的效果，给人一种优雅、含蓄、礼貌、有修养的感觉。

1. 手势规范

手势是商业服务工作中极富表现力的一种"体态语言"，是通过手和手指活动传递信息。它作为信息传递方式不仅远远早于书面语言，甚至早于有声语言。规范的手势应做到：

（1）五指伸直并拢，注意将拇指并严。

（2）腕关节伸直，手与前臂成直线，要求：肘关节既不要成90度直角，也不要完全伸直，弯曲140度为宜，男性可用平行手。

（3）掌心斜向上方，手掌与地面成45度角。

（4）身体稍前倾，肩下压，眼睛随手走，位于头和腰之间。

（5）运用手势时，一定要目视来宾，面带微笑，体现出对宾客的尊重。

2. 常用手势语示范

（1）"您好，这边请。"见图6-12（1）

A. 身体保持基本站姿。

B. 左手放在身前腰部。

C. 右手从右侧抬起，大小臂垂直，小臂基本与地面平行。

D. 右手心向上翻45度。

E. 目光朝向指尖方向。

F. 礼貌用语："您好，这边请。"

(2)"您好,请注意脚下安全。"见图6-12(2)

A. 身体保持基本站姿。

B. 左手放于身后腰部。

C. 右手从右侧抬起,大小臂成150度左右。

D. 目光朝向手指指示方向。

E. 礼貌用语:"您好,请注意脚下安全。"

(3)"您好,楼上请。"见图6-12(3)

A. 身体保持基本站姿。

B. 左手放于身后腰部。

C. 右手从右侧抬起,大小臂成60度左右。

D. 目光朝向手指指示方向。

E. 礼貌用语:"您好,楼上请。"

(4)"您好,请您这边看。"见图6-12(4)

A. 身体保持基本站姿。

B. 左手放于身后腰部。

C. 右手抬起到胸前,大小臂方向成160度,右手掌心向上45度。

D. 目光朝向手指指示方向。

E. 礼貌用语:"您好,请您这边看。"

(1)　　　　　(2)　　　　　(3)　　　　　(4)

图6-12　手势礼仪

3. "三位"手势及运用（见图6-13）

高位手势。服务手势在肩部以上称为高位手势，服务客人一般在5米以外。如示意"请往高处看"或招手一般采用高位手势。

中位手势。服务手势在肩部和腰部中间一般称为中位手势，服务客人一般在2~5米左右。示意"请进"及引导一般用中位手势。

低位手势。服务手势在腰部以下称为低位手势。服务客人一般在1米左右。如示意"您请坐"或"请注意脚下安全"等一般采用低位手势。

（1） （2） （3）

图6-13 "三位"手势

（六）表情礼仪

表情是人的思想情感和内在情绪的外部表露，脸部则是人体中最能传情达意的部位，可以表现出喜、怒、哀、乐、思等各种复杂的思想情感。在交际互动中表情备受人们的注意，在人的千变万化的表情中，眼神和微笑是最具礼仪功能和表现力的（见图6-14）。

1. 目光礼仪

目光是人在交往时，一种深情的、含蓄的无声语言，往往可以表达有声语言难以表现的意义和情感。目光交流处于人际交往的重要位置，人们相互间的信息交流，总是以目光交流为起点，正所谓"眼睛是心灵的窗户"，目光交流发挥着信息传递的重要作用。故而有所谓"眉目传情"，它在很大程度上能如实反映一个人的内心世界，一个良好的交际形象，其目光应是坦然、亲切、和蔼、有神的。

图6-14 表情礼仪

（1）注视范围。与人交谈时，目光应该注视着对方。但应使目光局限于上至对方额头，下至对方衬衣的第二粒纽扣，左右以两肩为准的方框中。在这个方框中，一般有三种注视方式：

公务注视：一般用于洽谈、磋商等场合，注视的位置在对方的双眼与额头之间的三角区域。

社交注视：一般在社交场合，如舞会、酒会上使用。注视位置在对方的双眼与嘴唇之间的三角区域。

亲密注视：一般在亲人、恋人、家庭成员等关系亲近者之间使用，注视的位置在对方的双眼和胸部之间。

（2）注视时间。无论是使用公务凝视、社交凝视或是亲密凝视，都要注意不可将视线长时间固定在所要注视的位置上。这是因为，人本能地认为，过分地被人凝视，对方是在窥视自己内心深处的隐私。所以，双方交谈时，应适当地将视线从固定的位置上移开片刻。这样能使对方心理放松，感觉平等，易于交往。在整个交谈过程中，与对方目光接触应该累计达到全部交谈过程的 50%~70%，其余 30%~50% 时间可注视对方脸部以外 5~10 米处，这样比较自然、有礼貌。

（3）注视角度。当与人说话时，目光要集中注视对方；听人说话时，要看着对方眼睛，这是一种既讲礼貌又不易疲劳的方法。在工作中，既要方便服务工作，又不至于引起服务对象的误解，就需要有正确的注视角度。

正视对方：即在注视他人的时候，与之正面相向，同时还须将身体前部朝向对方。正视对方是交往中的一种基本礼貌，其含义表示重视对方。

平视对方：在注视他人的时候，目光与对方相比处于相似的高度。在服务工作中平视服务对象可以表现出双方地位平等和不卑不亢的精神面貌。

仰视对方：在注视他人的时候，本人所处的位置比对方低，就需要抬头向上仰望对方。在仰视对方的情况下，往往可以给对方留下信任、重视的感觉。

兼顾对方：在工作岗位上，服务人员为互不相识的多位客人服务时，需要按照先来后到的顺序对每个客人多加注视，又要同时以略带歉意、安慰的眼神环视等候在身旁的客人。巧妙地运用这种兼顾多方的眼神，可以对每一位服务对象给予兼顾，表现出善解人意的优秀服务水准。

2. 微笑礼仪

微笑是社交场合最富吸引力、最有价值的面部表情。它表现着人际关系中友善、诚信、谦恭、和蔼、融洽等最为美好的感情因素，人们普遍认同微笑为基本笑容或常规表情，它有不可言传的交际作用，所以它已成为各国宾客都理解的心

图6-15 微笑礼仪

理性"语言"（见图6-15）。

（1）微笑礼仪标准。微笑礼仪要做到"三米、八/六齿"，即国际标准微笑，就是别人在离你三米远时就可以看到你绝对标准的迷人微笑，面容和祥，嘴角微微上翘，露出上齿的八/六颗牙齿，注意要保持牙齿的干净以表示尊重。

微笑礼仪标准包含面部表情标准、眼神标准、声音语态标准。

①面部表情标准：微笑时面部表情和蔼可亲，伴随着自然地露出6~8颗牙齿，嘴角微微上翘；口眼结合，嘴唇、眼神含笑。真诚的微笑表现出甜美、亲切、善意、充满爱心。

②眼睛眼神标准：微笑时眼睛礼貌正视对方，不左顾右盼、心不在焉。眼神要实现"三个度"：眼神的集中度、眼神的光泽度、眼神的交流度。目光友善，眼神柔和，亲切坦然，自然流露真诚。

③声音语态标准：微笑时结合语言，声音要清晰柔和、细腻圆润，语速适中、语调平和、语音温和、音量适中，富有甜美悦耳的感染力。

真正的微笑应发自内心，笑容中渗透着自己的情感，表里如一。毫不矫揉造作的微笑才具有感染力，才能被视作"社交的通行证"。

（2）微笑礼仪的训练。

第一，掌握微笑的要领。做到面部表情规范、眼睛眼神规范、声音语态规范。肌肉放松，嘴角两端向上略微提起，面含笑意，使人感到如沐春风。

第二，注意整体的配合。微笑、仪容和举止相结合，站立服务，双脚并拢，双手相握于身前或交叉于背后，右手放在左手上，面带微笑，亲切、自然、精神焕发。

第三，做到表里如一。训练微笑，首先要求微笑发自内心，发自肺腑，无任何做作之态，防止虚伪的笑。只有笑得真诚，才显得亲切自然，与你交往得人才能感到轻松愉快。

第四，借助技术上的辅助。微笑可进行技术性训练：

①技法一之念"一、茄子、cheers"等。

因为人们微笑时，嘴角两端向上翘起，所以，练习时，为使双颊肌肉向上抬，口里可念着"一、茄子、cheers"等字音，用力抬高嘴角两端，但注意下唇不要用力太大。

②技法二之口眼结合。

眼睛含笑，一是"眼形笑"，二是"眼神笑"。取一张厚纸遮住眼睛下边部位，对着镜子，心里想着最使你高兴的情景，鼓动起双颊，嘴角两端做出微笑的口型。这时，你的眼睛便会流露出自然的笑意，然后再放松面肌，嘴唇也恢复原样，可目光仍旧含笑脉脉，这是眼神在笑。学会用眼神与客人交流，这样的微笑才会更传神亲切。

③技法三之笑与语言结合。

微笑地说"早上好""您好""欢迎光临"等礼貌用语。

总而言之，微笑服务是对服务态度中语言、动作、姿态、体态等方面的更高要求，它既是对客人的尊重，也是对自身价值的肯定。

角色练习

对照以下实训方法进行实训，并填写实训感悟、补充实训方法。

仪态训练实训方法参考

步骤	实训方法	操作要点	实训感悟
站姿礼仪	①靠墙站立，头顶书本； ②背靠背站立	要求后脑勺、背、臀、脚后跟在一条直线上	
坐姿礼仪	①头顶书本，正位坐姿； ②模拟服务操作场景开展坐姿练习	保持标准体态，动作要轻、雅	
走姿礼仪	①行走成直线、配上节奏明快的音乐； ②结合服务岗位，手持服务道具练习	保持良好的体态，配合音乐节奏，保持愉快的心情	
蹲姿礼仪	①手持服务道具开展下蹲练习； ②结合服务场景进行半蹲及下蹲服务练习	保持良好的体态和稳定性	
手势礼仪	①编排手势礼仪操作练习； ②模拟不同场景，手持服务道具进行服务手势练习	体态、手势规范，结合目光礼仪、微笑礼仪	
目光礼仪	①上下、左右晃眼练习； ②模拟服务场景和服务对象进行目光礼仪练习	保护眼睛，眼神含笑	
微笑礼仪	①念"一、茄子、cheers"练习法； ②口眼结合练习法	做到眼神、微笑、语音保持一致	

视野拓展

人际交往的空间

人生活在一定空间中，要求保持自我的独立性，不受他人侵犯。因此交往双方要有意识地维持相应的交往距离。"界域"即是交往中相互距离的确定，它主要受到双方关系状况决定、制约，同时也受到交往的内容、交往的环境以及不同文化、心理特征、性别差异等因素影响。

美国西北大学人类学教授爱德华·T.霍尔博尔博士在他的《人体近身学》中提出了广为人知的四个界域：亲密距离、个人距离、社交距离、公众距离。

1. 亲密距离（人际交往中的"禁忌距离"）

距离在15厘米之内或15~46厘米，是人际交往的最小距离，适于至朋、夫妻和恋人之间拥抱、接吻，但不适宜在社交场合、大庭广众面前出现。

2. 个人距离

其距离近段在46~76厘米，适合握手、相互交谈，其远段在0.76~1.2米之间，普遍适用于公开的社交场合，这段距离可以使别人自由进入这个交往空间交往。

3. 社交距离

主要适合于礼节性或社交性的正式交往。其近段为1.2~2.1米，多用于商务洽谈、接见来访或同事交谈等。远段在2.1~3.6米，适合于同陌生人进行一般性交往，也适合领导同下属的正式谈话，高级官员的会谈及较重要的贸易谈判。

4. 公众距离

近段在3.6~7.6米，远段则在7.6米以外，它适合于做报告、演讲等场合。

服务人员的"界域"，即是服务人员在服务工作中需要实现与客人的礼貌交往的恰当的交往空间，即交往距离。所以，旅游从业人员与客人保持适度的服务和交往距离是十分必要的。心理学实验表明，人际距离过大，容易使人产生疏远之感；人际交往距离过小，则又会使人感到压抑或是被冒犯。

酒店从业人员应当根据不同的工作内容、工作场合和服务对象等具体情况来把握好交往距离，大体有以下几种人际距离。

1. 服务距离

服务距离是酒店员工与客人之间所保持的一种最常规的距离。它主要适用于酒店员工应客人的请求，为其直接提供服务之时。在一般情况下，服务距离以0.5~1.5米为宜。

2. 展示距离

即在客人面前进行操作示范，以便使客人对服务项目有更直观、更充分、更细致的了解的距离。展示距离以 1~3 米为宜。

3. 引导距离

引导距离是酒店员工在为客人带路时彼此间的距离。根据惯例,在引导时,酒店员工行进在客人左前方 1.5 米左右为宜。

4. 待命距离

待命距离特指酒店员工在客人尚未要求自己为之提供服务时,与对方自觉保持的距离。在正常情况下,应当是在 3 米之外,只要服务对象视线所及,可以看到自己即可。

5. 信任距离

信任距离是指酒店员工为了表示自己对客人的信任,同时也为了使客人浏览、斟酌、选择或体验更为专心致志而采取的一种距离,即离开对方而去,从对方的视线中消失。

采取此距离时必须注意:一是不要躲在附近,似乎是在暗中监视客人;二是不要一去不返,让客人在需要帮助时根本找不到人。

6. 禁忌距离

主要指服务人员在工作岗位上与客人之间应当避免出现的距离。其特点是双方身体相距过近,甚至有可能直接发生接触,即小于 0.5 米。这种距离,一般只出现于关系极为亲密的人之间。

任务评价表

序号	任务内容	任务要求	自我评价	备注
1	仪态礼仪	熟知仪态礼仪的概念、理解仪态美的内涵、掌握仪态礼仪的内容		
2	站姿礼仪	熟知站姿礼仪的规范,掌握站姿的基本手位和不同场合的站姿标准		
3	坐姿礼仪	熟知坐姿礼仪的规范,掌握男士、女士几种规范坐姿的脚位摆放		
4	走姿礼仪	熟知走姿礼仪规范,掌握几种服务型走姿以及不同着装走姿的技巧		
5	蹲姿礼仪	熟知蹲姿礼仪规范,了解常见蹲姿的类型		
6	手势礼仪	熟知手势规范,掌握常用服务手势,了解"三位"手势及其运用		

续表

序号	任务内容	任务要求	自我评价	备注
7	目光礼仪	熟知目光礼仪基本规范，了解目光礼仪注视范围、注视时间、注视角度等要求		
8	微笑礼仪	熟知微笑礼仪的标准和规范，掌握微笑礼仪训练技巧		

项目关键词

形象塑造、仪容修饰、正装礼仪、仪态礼仪

课后练习

1. 说说什么是职业形象。
2. 简述仪容美、仪表美的内涵。
3. 请根据男士着装规范检查表，整理出女士正装规范检查表。
4. 课后自学打领带和系丝巾的方法。
5. 简述仪态礼仪的内容有哪些。
6. 制订仪态礼仪训练计划并加以练习，之后整理出评价细则。
7. 说说微笑礼仪的标准是什么，加强微笑礼仪的训练。

项目七　旅游服务礼仪规范

项目概览

旅游服务礼仪规范是本教材的核心内容，内容凸显服务礼仪规范性、旅游服务行业性和技能实操专业性的特征。本项目教学突出注重知识传授和技能实训相结合的方法。通过旅游服务通用礼仪和旅游服务岗位礼仪两个任务的学习，使学生熟悉并掌握旅游服务从业人员日常礼仪和岗位礼仪的知识和技能，从而提高从事旅游行业服务接待工作的能力、水平和艺术，展现出良好的专业水平和职业素养。

学习目标

（1）认识旅游服务礼仪规范，熟知旅游服务通用礼仪和旅游服务岗位礼仪的主要内容。

（2）通过通用礼仪、岗位礼仪的学习和训练，掌握旅游服务中礼仪的基本规范、操作技巧和服务技艺。

（3）充分领会旅游服务礼仪在服务中的地位和作用，熟练技法，积极操练，加强服务应用，将自己培养成合格的旅游服务从业人员。

任务一　旅游服务通用礼仪

任务描述

本任务要求学生通过对旅游服务通用礼仪的学习，熟知五项通用礼仪的内容和操作规范，并掌握旅游服务通用礼仪操作技巧和服务应用，培养良好的专业意识和服务技艺。

相关知识

通用礼仪是指日常生活、社会交往中使用频率较高的日常礼节。是用于表示尊重、亲善和友好的首选行为规范和惯用形式。掌握规范的通用礼仪，能增进感情、建立关系、充实自我、丰富人生阅历和人性情感，为交往创造出和谐融洽的气氛，改善人际关系。其基本原则为尊重、遵守、适度、自律。

旅游服务通用礼仪主要内容见图 7-1。

图 7-1 旅游服务通用礼仪

一、迎候礼仪（鞠躬和问候）

在日常生活和商务往来中，对于如约而来的客人，特别是贵客或远道而来的客人，表示热情、友好的最佳方法，就是本人或指派专人出面，提前到达双方约定的或者是适当的地点，恭候客人的到来。其主要礼仪形式包括鞠躬礼和问候礼。

（一）鞠躬礼

"鞠躬"起源于中国。商代时曾有一种祭天仪式"鞠祭"，祭品牛、羊等不切成块，而是将整体弯卷成圆的鞠形，再摆到祭处奉祭，以此来表达祭祀者的恭敬与虔诚。在一些地方这种习俗一直保存到现在。商代以后，人们在现实生活中，逐步沿用这种形式来表达自己对地位崇高者或长辈的崇敬。鞠躬，意思是弯身行礼，是表示对他人敬重的一种郑重礼节。此种礼节一般是下级对上级或同级之间、学生向老师、晚辈向长辈、服务人员向宾客表达由衷的敬意。鞠躬是中国、日本、韩国、朝鲜等国家传统的、普遍使用的一种礼节。

1. 鞠躬礼的动作要领

身体立正，目光平视，面带微笑，面向受礼者距其 2~3 米的距离处，侧放式手位或前腹式手位站立。以腰部带动身体，向前鞠躬 15 度、30 度或者 45 度、90 度。并保持 2 秒钟左右。目光随着身体的倾斜，自然下视距于脚尖 1~2 米，鞠躬完毕，恢复站姿，目光移向对方（见图 7-2）。

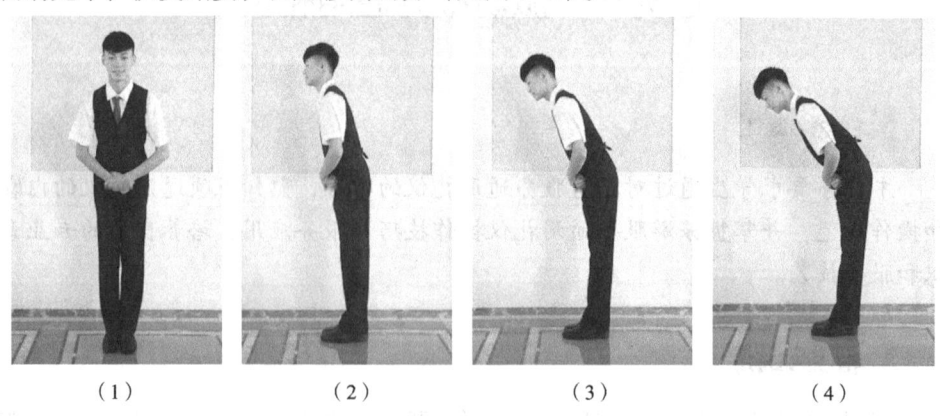

（1）　　　（2）　　　（3）　　　（4）

图 7-2 鞠躬礼

2. 鞠躬礼的类型及应用（见表 7-1）

表 7-1　鞠躬礼类型

类型	动作规范	主要应用
欠身礼	头、颈、背成一条直线，目视对方，身体稍向前倾	①每天与同事第一次见面 ②贵宾经过你的工作岗位时 ③给客人奉茶时
15度鞠躬礼	头、颈、背成一条直线，双手自然放在裤缝两边（女士双手交叉放在体前），前倾15度，目光约落于体前1.5米处，再慢慢抬起，注视对方	①在公司内遇到贵宾时 ②领导陪同贵宾到工作岗位检查工作时 ③行走过程中遇到客人问询时 ④在公司内遇到高层领导时
30度鞠躬礼	头、颈、背成一条直线，双手自然放在裤缝两边（女士双手交叉放在体前），前倾30度，目光约落于体前1米处，再慢慢抬起，注视对方	①迎接客人（公司门口、电梯门口、机场） ②在会客室迎接客人时 ③欢送客人时，边说"欢迎下次再来"，边行30度鞠躬礼 ④在接受对方帮助表示感谢时，行30度鞠躬礼，并说"谢谢！" ⑤给对方造成不便或让对方久等时，行30度鞠躬礼，并说："对不起！" ⑥向他人表示慰问或请求他人帮助时，行30度鞠躬礼
45度鞠躬礼	头、颈、背成一条直线，双手自然放在裤缝两边（女士双手交叉放在体前），前倾45度，目光约落于体前1米处，再慢慢抬起，注视对方	①45度倾斜为郑重鞠躬，用于成人之间 ②用于婚丧场合或节日 ③表示特别感谢、道歉时

（二）问候礼

问候礼是见面时最先向对方传递信息、表示尊重的一种方式。主要指以语言、文字以及肢体动作问候人，向人表示友好、关心、关爱的礼节。问候是人际关系发生的起点，它打破陌生人之间的界限，缩短人与人之间的情感距离，导出交谈的话题。热情简洁的问候语是人际交往的润滑剂。在人际交往中，恰当贴切真诚的问候，如温暖的春风，让人感到温馨，能激发交往的兴趣。要注意问候的次序、态度、内容三个方面。

1. 问候次序

如果同时遇到多人，特别在正式会面的时候，宾主之间的问候要讲究一定的次序。问候次序遵循"位低者先问候"原则。即身份较低者或年轻者首先问候身份较高者或年长者。如晚辈先问候长辈；下级先问候上级；主人先问候客人；年龄、职位差不多的情况下，男士先问候女士。当一个人逐一问候许多人时，既可以由"尊"而"卑"、由长而幼地依次进行，也可以由近而远依次进行。

2. 问候的态度

问候是敬意的一种表现，态度上要做到：

主动：问候别人，要积极、主动。当别人首先问候自己之后，要立即予以回应，不要不理不睬摆架子。

热情：问候别人的时候，通常要表现得热情、友好。毫无表情，或者表情冷漠的问候不如不问候。

自然：问候别人的时候，主动、热情的态度必须表现得自然而大方。矫揉造作、神态夸张，或者扭扭捏捏，反而会给人留下虚情假意的不好印象。

专注：问候的时候，要面含笑意，注视对方的眼睛，以示口到、眼到、意到，专心致志。不要在问候对方的时候，目视他处，让对方不知所措。

3. 礼貌用语的类型

（1）情境问候语

这种问候语是说话者按照当时的情形所表达的问候语。通常用于当众讲话前，与熟人碰面或在节日情境下。这种问候语是华人常使用的问候方式，典型的如"吃了吗？""上哪儿去？"，等等，充满了东方式的人情味。

（2）称呼问候语

是以称呼对话者作为问候语，称呼问候语还分成以职业、职称、亲属关系称谓等问候语。称呼问候语一方面可以让我们向对方表达礼貌；另一方面可以确定彼此之间的关系，让使用者知道自己在社会上的定位，知道自己的辈分，同时可以呈现出相互关系的意义，这样也可以表达对对方的尊敬和礼貌。正式、规范的称呼问候语分类见表7-2。

表 7-2　称呼问候语的类型

类型	特点	举例
职务性称呼	职务前加姓氏或姓名	张局长、王经理等
职称性称呼	职称前加姓氏或姓名	张教授、张××博士等
职业性称呼	根据职业进行称呼	张医生、王律师等
姓名式称呼	直呼其名或加上前缀	张三、老张等
性别式称呼	采用性别称呼	先生、女士、小姐、夫人等

（3）寒暄问候语

说话者使用单方面宣布的方法来问候对方，问候语并不针对特定的事项而改变,如"您好""晚安"等。传统中国社会很少用到此类问候语,但是现代的生活形态比较接近西方的社会形态,很多礼俗或做事的方法都有西方的味道,此类问候语有时会比较适合现在的社会文化。

二、介绍礼仪

人际交往中,介绍是与他人进行沟通、增进了解、建立联系的一种最基本、最常规的方式,是与人进行相互沟通的出发点。合乎规范地施行介绍礼,能有效表达友善和敬意,给人留下良好的第一印象,并体现出良好的沟通能力和基本素质。介绍是公务、交际活动中的基本礼节之一,分为自我介绍、为他人介绍和集体介绍。

(一)介绍礼的动作规范

介绍时要做到:体姿恭敬;手势规范文雅;目光注视对方,面带微笑;态度真诚,语言亲切、得体。

(二)介绍礼的次序

介绍讲究次序。不论公务还是社交场合,均遵循"尊者拥有优先知情权"原则。尊者指年长者、身份高者、女士、客人等。因此,应当先为年长者介绍年轻者;先为身份高者介绍身份低者;先为上级介绍下级;先为女士介绍男士;先为早到者介绍后到者;先为外单位人士介绍本单位同事;先为客人介绍自己家里人;先为已婚女性介绍未婚女性等。当然,以上次序不是教条,应视具体环境灵活运用,如年轻女士和年长男士相识,就应当将女方介绍给男方。

(三)介绍礼的类型

1. 自我介绍(见图7-3)

(1)自我介绍的规范:身体保持基本姿态,微微欠身,目视对方,面带微笑,用眼神亲切交流;可将右手放在左胸上以示谦虚。

(2)自我介绍的时机:一般认为,把自己介绍给他人的最佳时机应是对方有空闲的时候,对方心情好的时候,对方有兴趣认识你的时候,对方主动提出认识你的请求的时候。一般认为,用半分钟左右的时间来介绍就足够了,至多不超过1分钟。

(3)自我介绍的内容:介绍内容包括姓名的全称、供职的单位、担任的具体工作等,这三项被称作构成介绍主体内容的三大要素。

(4)自我介绍的类型(见表7-3):

图7-3 自我介绍礼仪

表 7-3 自我介绍的类型

类型	适用场合	范例
应酬型	适用于一般性的人际接触，简单地介绍一下自己	"您好！我的名字叫×××。"
沟通型	用于普通的人际交往，意在寻求与对方交流或沟通，内容上可以包括本人姓名、单位、籍贯、兴趣等	"您好！我叫×××，浙江人。现在一家酒店工作。您喜欢看足球赛吗？我是一个足球迷。"
工作型	它以工作为介绍的中心，以工作而会友。其内容应重点集中于本人的姓名、单位以及工作的具体性质	"女士们，先生们，各位好！很高兴有机会把自己介绍给大家。我叫×××，我是杭州旅职阳光大饭店的销售部经理，可能的话，我随时愿意与在场的各位交朋友。"
礼仪型	它适用于正式而隆重的场合，属于一种出于礼貌而不得不做的自我介绍。往往附加一些友好、谦恭的语句	"大家好！在今天这样一个难得的机会下，请允许我作一下自我介绍。我叫×××，来自杭州旅职阳光大饭店，是酒店的销售部经理。今天，是我第一次来到美丽的青岛。这美丽的海滨城市风光一下子深深地吸引了我。我很愿意在这多待几天，也很愿意结识在座的各位朋友，请多多关照，谢谢！"

2. 为他人介绍（见图 7-4）

（1）为他人介绍的规范：身体保持基本姿态，站在两人的中间，微微欠身。为他人做介绍时，手势动作要文雅，无论介绍哪一方，都应手心朝上，手背朝下，四指并拢，拇指张开，指向被介绍的一方，并向另一方点头微笑。

（2）为他人介绍的方法：介绍时要有开场白，如："请允许我给你们介绍一下，张经理您好，这位是王小姐""王小姐您好，这位是张经理"。必要时，可以说明被介绍的一方与自己的关系，以便新结识的朋友之间相互了解和信任。

（3）为他人做介绍的注意事项：介绍人在介绍时要注意先后顺序，遵从尊者有了解对方优先权的原则；介绍语言要清晰明了，不含糊其词，以使双方记清对方姓名；在介绍某人优点时要恰到好处，不宜过分称赞而导致难堪的局面。

（4）被介绍人的做法：作为被介绍的双方，都应当表现出结识对方的热情。双方都要正面对着对方，介绍时除了女士和长者外，一般都应该站起来，但是若在会谈进行中，或在宴会等场合，就不必起身，只略微欠身致意就可以了。如方便的话，等介绍人介绍完毕后，被介绍人双方应握手致意，面带微笑并寒暄，

图 7-4 为他人介绍礼仪

如"您好""见到您很高兴""认识您很荣幸""请多指教""请多关照"等。如需要还可互换名片。

3. 集体介绍

一人主角面对多人集体时，有两种介绍方法：一种只将一人主角介绍给集体，反之则无必要。此多见于身份高者和特邀嘉宾，如演讲人、会议主持人等。另一种将众人介绍给一位主角。如领导者视察某部门，需认识该部门全体负责人员，其介绍常用的方法是：按照座次，由近及远；按照身份，自高而低。

集体对集体的介绍方法：将主方介绍给客方；将人数少的一方介绍给人数多的一方；各方人数都多，就不必一一介绍，只扼要说明双方概况即可。

三、握手礼仪

握手礼仪是社交互动中使用频率最高、适用范围最广的一种礼节，也是现代国际上最为通用的见面礼仪形式。在交往和服务中，得体地运用握手礼仪，会显得彬彬有礼，风度翩翩，更有利于双方进一步的交往。

（一）握手礼基本规范（见图7-5）

（1）面带微笑，目视对方，表现出热情友好的态度。

（2）距对方1米左右握手。

（3）呈立正姿势，上身稍前倾。

（4）伸出右手，四指并拢、拇指张开。

（5）双手相握，用力适度、上下抖动三次。

（6）适度握住对方的手，时间一般以1~3秒为宜。

（二）握手时伸手的顺序

握手礼遵循"尊者有权决定是否握手"原则。由主人、长辈、上司、女士先伸出手；客人、晚辈、下属、男士再相迎握手。长辈与晚辈之间，长辈伸手后，晚辈才能伸手相握；上下级之间，上级伸手后，下级才能接握；主人与客人之间，主人宜主动伸手；男女之间，女方伸出手后，男方才能伸手相握；如果男性

图7-5 握手礼仪

年长，是女性的父辈年龄，在一般的社交场合中仍以女性先伸手为主，除非男性已是祖辈年龄，或女性未成年在20岁以下，则男性先伸手是适宜的。但无论什么人，如果他忽略了握手礼的先后次序而已经伸了手，对方都应不迟疑地回礼。

（三）握手礼注意事项

（1）行握手礼时要注意力集中，不要左顾右盼，一边握手，一边还在跟其他人打招呼。

（2）见面与告辞时，不要跨门槛握手。

（3）握手一般总是站着相握，除年老体弱或残疾人以外，坐着握手是很失礼的。

（4）单手相握时左手不能插口袋。

（5）忌用左手同他人相握，除非右手有残疾。当自己右手脏时，应亮出手掌向对方示意声明，并表示歉意。

（6）握手时不要抢握，不要交叉相握，应待别人握完后再伸手相握。交叉相握在通常情况下是一种失礼的行为。有的国家视交叉握手为凶兆的象征，交叉成"十"，意为十字架，认为必定会招来不幸。

（四）握手语

在握手时，常伴有一定的问候语，称为握手语。常见的握手语有以下几种。

1. 欢迎问候型

这是最常见的一种握手语。第一次来的客人或一般的接待关系可用这种形式。如："您好！""欢迎您！""很高兴见到您！"等。

2. 恭喜祝贺型

当对方有突出成绩，受到表彰或遇到喜事，在接待时可用这种形式。如："恭喜您！""祝贺您！"等。

3. 表示关心型

这种形式特别适用于长辈对晚辈，上级对下级或主人对客人等。如"你辛苦了！"等。

4. 真诚致歉型

自己有地方做得不对或表示客气时可用此类握手语。如"照顾不周，请多包涵""未能远迎，请原谅"等。

5. 衷心祝福型

送客时多用此握手语。如"祝你一路顺风！""祝您早日康复！"等。

四、电话礼仪

电话礼仪是我们生活、工作的一部分，是一种只闻其声、不见其人的人际沟通方式。电话服务无处不在，对方只从通电话时的声音、内容、态度、时间感等方面来衡量其服务。电话礼仪是服务品质、企业形象的重要组成部分（见图7-6）。

图7-6 电话礼仪

（一）接听电话服务礼仪

1. 接听前准备

（1）准备笔和纸。

（2）停止一切不必要的动作。

（3）使用正确的姿势。

（4）带着微笑迅速接起电话。

做到：电话旁准备笔和纸，养成随时记录的好习惯。

2. 电话接听

做到铃响三声之内接起电话。

3. 接起电话

（1）问候"早上好/下午好/晚上好"。

（2）报部门，"×××department"，"×××部"。

（3）报自己姓名，"×××speaking"，"×××"。

（4）提供帮助，"May I help you?"，"我可以帮您吗？"

做到：自报"家门"，传递你最友善的声音，给人以最好的第一印象。

4. 接听中

（1）认真倾听对方的电话事由。

（2）如需传呼他人，应请对方稍候，然后轻轻放下电话，去传呼他人。

（3）如是对方通知或询问某事，应按对方的要求逐条记下，并复述或回答对方。

做到：及时帮助，表达你的服务意愿，帮助解决问题。

5. 结束电话

（1）重复/确认重要信息。

（2）感谢对方来电，并礼貌地结束电话。

（3）待对方先挂电话后，再挂电话。

做到：重复重要信息，礼貌结束电话。

6. 转接电话

（1）转接接电话人在，转接并说："请稍等，马上为您转接。"

（2）接电话人在忙时，说："对不起，他在_____，让他给您回电话可以吗？"

（3）接电话人不在时，说："对不起，他现在不在，请问需要留言吗？"

7. 留言服务

需记录：

（1）日期/打电话的时间/打给谁。

（2）内线：来电者的部门和全名。

（3）外线：来电者的单位、全名、电话号码。

（4）留言内容（重复以确保信息准确无误）。

（5）签上你的姓名。

记录以下信息：五要素（给谁的留言、谁想要留言、具体的时间、记录者姓名、内容）。

8. 打电话时有宾客来

（1）和来者点头打招呼，以示关注。

（2）尽快结束通话，以免让宾客久等。

（3）通完电话后要向宾客致歉："抱歉让您久等。"

9. 接听电话服务用语

（1）"您好，××酒店××部×××。"（外线）

（2）"您好，××部×××。"（内线）

（3）"让您久等了，我是××部×××。"

（4）确认对方身份："×先生，您好！"

（5）"请问我可以为您留言吗？"

（6）听取对方来电用意后答复："是""好的""清楚""明白"。

（7）进行确认："请您再重复一遍""那么明天在××，9点钟"。

（8）"谢谢""再见""谢谢您的来电"。

10. 对于每个电话，我们都要能做到如下事项

问候；道歉；留言；转告；马上帮忙；转接电话；直接回答（解决问题）；及时回电话。

（二）拨打电话礼仪

1. 拨打前

（1）在你打电话之前准备好要点，以便提高通话效率。

（2）明确打电话的目的。

（3）估算时间。

（4）掌握一些必要的信息。

做到：列出要点，确认电话号码准确无误。

2. 交谈中

（1）当电话接通后，立即报出姓名和酒店/部门名称。"您好，我是×××部×××。"

（2）如果拨错了号码，告诉对方你打错了，并说"对不起"和"再见"，让对方先挂电话。

（3）确认电话对象，"请问××部的×××先生在吗？""麻烦您，我要找

×××先生。"

（4）内容简明，表述清楚。如"今天打电话是想向您咨询一下关于××事……"通话结束前可总结通话内容的要点。

如果当事人不在，要准备一份清楚、简短的留言。打电话要有效率，不要浪费时间和话费。

3. 结束电话

（1）表示对对方的感谢，礼貌结束通话。"谢谢""麻烦您了""那就拜托您了"。

（2）挂电话。等对方放下电话后再轻轻放回电话机。

4. 拨打电话不适宜时间：

（1）对方忙碌的时候，"请问现在通话方便吗？""好的，30分钟后再给您电话。"

（2）用餐时间、午休时间、下班前10分钟、时间过早或过晚。

5. 电话礼仪要注意

（1）不要电话铃响三遍以上才接听。

（2）不要同时进行两种对话（接电话时与别人谈话）。

（3）不要接电话时吃东西或喝饮料。

（4）不要重重地放下电话。

（5）说与对方无关的话时要捂住话筒。

五、递接礼仪

递物与接物是生活中常见的一种交往行为，一般递接物时须用双手。在服务中规范的递接动作，配合语言、表情可以体现出一个人的礼仪修养和对对方的尊重。

（一）递接礼仪基本规范

递物时：起身站立，走到距离对方一米左右处，身体微微欠身，面带微笑，目视对方，双手持物，双肘适度内收，双臂往前伸出，高度在平胸位置，恭敬地向前递出。并配上口头的问候和介绍，如，"您好××，这是您需要的文件，请收好。"

接物时：当对方递上物品时，要立即放下手中的事情，站立并恭敬地用双手捧接物品，眼睛友好注视对方，并说致谢语。

（二）递接礼仪的原则

尊重对方、双方互视、双手递物、双手接物。

（三）递接礼仪范例

（1）递接名片：递交名片时，应用双手恭敬地递上，且名片的正面应对着对方。在接受他人名片时，也应恭敬地用双手捧接。接过名片后要仔细看一遍或有意识地读一下名片的内容（见图7-7）。

（2）递接文件资料：使文件的正面对着对方。应该用双手递接文件或资料，并且与对方点头致谢（见图7-8）。

图7-7　名片递接礼仪

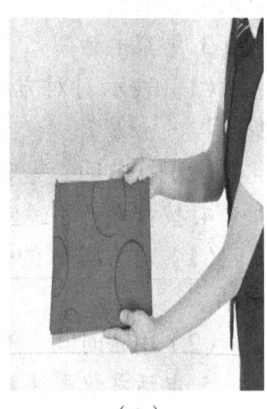

（1）　　　　（2）

图7-8　递接文件礼仪

（3）递笔、刀剪之类尖利的物品时，需将尖端朝向自己握在手中，不要指向对方。接受对方恭恭敬敬递过来的物品，同样用双手去接，并以适当的方式致意或道谢（见图7-9）。

（4）递接茶水时，一手握茶杯把儿或扶杯壁，一手托杯底，并说"请用茶"。若茶水较烫，可将茶杯放到客人面前的茶几上。如果作为客人接主人敬上的茶，应站起身双手接取，说"谢谢"（见图7-10）。

图7-9　递接刀剪礼仪

图7-10　递接茶水礼仪

案例分析

新加坡利达公司销售部文员刘小姐要结婚了，为了不影响公司的工作，在征得上司的同意后，她请自己最好的朋友陈小姐暂时代理她的工作，时间为一个月。陈小姐大专刚毕业，比较单纯。刘小姐把工作交代给她，并鼓励她努力干，准备在蜜月回来后推荐陈小姐顶替自己。一天，经理外出了，陈小姐正在公司打字，这时电话铃响了，陈小姐与来电者的对话如下：

来电者："是利达公司吗？"陈小姐："是。"

来电者："你们经理在吗？"陈小姐："不在。"

来电者："你们是生产塑胶手套的吗？"陈小姐："是。"

来电者："你们的塑胶手套多少钱一打？"陈小姐："1.8美元。"

来电者："1.6美元一打行不行？"陈小姐："不行的。"说完，"啪"挂上了电话。

上司回来后，陈小姐也没有把来电的事告知上司。过了一星期，上司提起他刚谈成一笔大生意，以1.4美元一打卖出。陈小姐突口而出："哎呀，上星期有人问1.6美元一打，我说不行的。"上司当即脸色一变，说："你被解雇了！"陈小姐哭丧着脸问："为什么？"

陈小姐在电话礼仪方面犯了哪些错误？

角色练习

1. 对照以下实训方法进行实训，并填写实训感悟，补充实训方法。

旅游服务通用礼仪实训方法参考

项目	实训方法	操作要点	实训感悟
迎候礼仪	①同伴之间练习 ②设计场景练习	动作规范 语言规范 表情到位	
介绍礼仪	①同伴之间互相练习 ②设计场景练习	动作规范 语言规范 表情到位	

续表

项目	实训方法	操作要点	实训感悟
握手礼仪	①两人一组练习 ②结合场景、握手语开展练习	动作规范 语言规范 表情到位	
电话礼仪	①同伴之间模拟拨打和接听电话 ②模拟服务场景练习	动作规范 语言规范 表情到位	
递接礼仪	①同伴之间练习 ②设计不同场景，开展递接物品训练	动作规范 语言规范 表情到位	

2. 课堂实训任务评价

旅游服务通用礼仪实训任务检查表

通用礼仪	要素	标准	自检	他检
迎候礼仪	身体姿态	上体保持正直，头部端正，肩部放松		
	目光表情	双目平视、目光专注、面带微笑		
	迎候称呼	称呼恰当，使用敬语		
	声音语态	语言标准，语音清晰，语调柔和亲切		
介绍礼仪	身体姿态	上体保持正直，头部端正，双目平视，肩部放松，面带微笑		
	介绍顺序	符合介绍礼原则		
	介绍内容	要素规范，符合当时情境		
	声音语态	语音语调亲切自然，语速正常		
	手势礼仪	规范，适宜		
握手礼仪	身体姿势	上体保持正直，头部端正，肩部放松		
	握手顺序	符合握手礼原则		
	握手力度	用力适度		
	握手时间	3秒左右		
	神态表情	专注、微笑		
	问候语	握手语应用恰当		

续表

通用礼仪	要素	标准	自检	他检
电话礼仪	身体姿态	上体保持正直，头部端正，肩部放松		
	目光表情	目光平视，表情专注，面带微笑		
	拨打电话时机	符合拨打电话时间礼仪		
	接听电话	铃响三声之内接听，致问候语，及时记录		
	挂电话	在遵循先打后挂电话的原则基础上尽量让对方先挂电话		
	声音语言	语音清晰，音量适中，语调亲切自然，语速正常		
递接礼仪	身体姿势	上体保持正直，头部端正，肩部放松		
	递接前准备	正面对准对方		
	递接过程	轻缓，优雅		
	目光表情	目视对方，面带微笑		
	语言规范	恰当使用递接语		

任务评价表

序号	任务内容	任务要求	自我评价	备注
1	旅游服务通用礼仪	了解通用礼仪的概念，熟知旅游服务通用礼仪的主要内容		
2	迎候礼仪	了解迎候礼仪的两大内容，掌握鞠躬礼的动作要领和鞠躬礼类型及应用。了解问候礼的次序及问候的态度要求。并能结合服务岗位进行问候语的应用		
3	介绍礼仪	了解介绍礼的原则及次序，熟练掌握介绍礼仪的规范以及三种介绍礼仪的应用		
4	握手礼仪	了解握手礼仪顺序及注意事项。掌握握手礼基本规范，强化握手语的服务应用		
5	电话礼仪	掌握接听电话服务、拨打电话服务的礼仪规范，了解电话礼仪的注意事项		
6	递接礼仪	了解递接礼仪的原则，掌握递接礼仪基本规范，熟练应用递接服务范例		

任务二　旅游服务岗位礼仪

任务描述

本任务要求学生通过旅游服务部分岗位礼仪的学习，了解和熟知部分岗位礼仪服务的基本要求和流程。通过模拟操作和仿真训练，基本掌握各岗位的服务礼仪规范和操作技巧。提高旅游从业人员的岗位服务能力，进一步提升爱岗敬业的职业精神和礼仪修养。

相关知识

旅游服务是指旅游业服务人员通过各种设施、设备、方法、手段、途径和"热情好客"的种种表现形式，在为旅客满足其生理和心理的物质和精神需要的过程中，创造一种和谐的气氛，产生一种精神的心理效应，从而触动旅客情感，唤起旅客心理上的共鸣，使旅客在接受服务的过程中产生惬意、幸福之感，进而乐于交流、乐于消费的一种活动。

旅游业在中国主要指旅行社、旅游饭店、旅游车船公司以及专门从事旅游商品买卖的旅游商业等行业。下面就介绍旅游服务的部分岗位礼仪。

旅游服务部分岗位礼仪内容如下（见图7-11）。

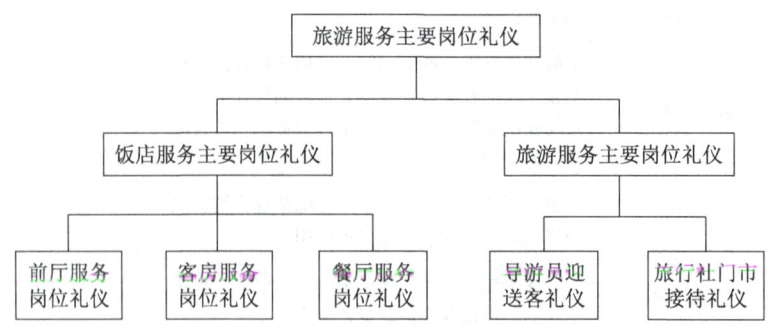

图7-11　旅游服务部分岗位礼仪

一、饭店服务主要岗位礼仪

饭店的服务宗旨是给客人提供方便、舒适、周到的服务。从客人进店到离店，礼仪服务贯穿于接待的全过程，在各个岗位的服务中，服务人员需要具备良好的职业素养和服务能力，做好岗位接待礼仪工作，使宾客满意。

(一) 前厅服务岗位礼仪

前厅是饭店的窗口，是酒店对客服务的"前台"。前厅的服务岗位主要有迎宾员、行李员、预订员、接待员、问询员、收银员等。礼仪主要包含前厅迎送、前厅接待、前厅结账、前厅问询等礼仪规范。前厅部员工必须要做到：品行端正、有良好的服务意识、爱岗敬业、有良好的语言沟通能力、形象良好。常用的礼节有：仪容仪表及仪态礼仪、目光礼、问候礼、微笑礼、递物礼等。

1. 前厅行李员服务礼仪

（1）需掌握的礼节：

仪容仪表礼仪、仪态礼仪、鞠躬礼、问候礼、目光礼、微笑礼、迎领礼仪、电梯礼仪等。

（2）前厅行李员服务流程及礼仪规范：

①仪容仪表仪态礼仪：服饰整洁，仪容端庄，身穿饭店岗位制服，精神饱满站立在岗位上，恭迎宾客的到来。

②迎候礼仪：客人抵达，热情相迎、微笑问候。行李员帮助客人提携行李时，遵从客人意愿，做到适度，并轻拿轻放。对于文件包或女士的手包等，不一定需要替顾客代劳。

③行李员陪同客人到总服务台办理入住手续时，侍立在客人身后2~3步的距离，随时接受宾客的吩咐。带领客人进房，走在客人左前方2~3步，陪同客人，并随时向客人示意和提醒。

④陪同宾客乘坐电梯，遵循电梯礼仪（按住按钮，让客人先进入，到达时，请客人先走出电梯）。

⑤将客人行李送进房间后，轻放于行李架上，箱子正面朝上，把手朝外。客人没有其他需要，做到面带微笑，礼貌道别，随后退步转身离开房间，并顺手轻轻带上房门。

2. 前台电话预订服务礼仪

（1）需掌握的礼节：

仪容仪表礼仪、仪态礼仪、问候礼、目光礼、微笑礼、聆听礼、电话礼等。

（2）前台电话礼仪服务流程及礼仪规范：

①遵守站姿礼仪规范，精神饱满，面带微笑，注意力集中。

②根据电话礼节，铃响三声内接起电话，敬语当先，自报家门。

③根据订房单的内容认真记录，并能做适当推荐，快速订房。

④最后根据客人要求向客人做复述，以免差错或遗漏。

⑤真诚道谢，礼貌欢迎。

（二）客房服务岗位礼仪

客房是饭店的主体，是饭店的基础。客房是客人的家外之家，客房服务员的服务形象直接代表饭店服务的档次和饭店的品牌形象，并影响客人对饭店服务质量的评价。饭店客房服务礼仪包括客房迎送礼仪、进房服务礼仪、日常对客服务礼仪等。客房服务人员必须具备自觉自律的工作态度，责任心强，随时能协调合作，对客人主动热情。常用的礼节有：仪容仪表礼仪、仪态礼仪、鞠躬礼、迎领礼、敲门礼、开门礼、问候致歉礼、应答礼、清扫礼等。

1. 客房迎客送客服务礼仪

（1）需掌握的礼节

仪容仪表礼仪、仪态礼仪、迎候礼、引领礼、敲门礼、道别礼等。

（2）客房迎客送客服务流程及礼仪规范

①接到来客通知以后，在楼梯口迎候，站姿标准、面带微笑、精神饱满。

②宾客到达，行鞠躬礼，热情问候："您好，欢迎入住。"

③帮助客人提拿行李，并按照引领礼要求，走在客人左前方1~2步的位置，不时提醒客人。

④到达房间，按照敲门礼的要求确认无人，随后打开房门，开门后侧身一旁，敬请客人先进入。

⑤简单介绍客房大致使用情况，问清没有其他问题及要求后，行告别礼，配以鞠躬，后退步转身离开，并轻轻带上房门。

2. 进房清扫服务礼仪

（1）需掌握的礼节：

仪容仪表礼仪、仪态礼仪、敲门礼、问候礼、清扫礼、道别礼等。

（2）进房清扫服务流程及礼仪规范：

①客房服务员进房服务时，必须轻轻敲门。用右手中指或食指关节轻轻敲门三下，并同时报上自己的身份："Housekeeping/ 客房服务员"。若无回音，间隔三秒再敲三下，共敲三次，然后开门。进门后，若发现卫生间门关着或虚掩着，应敲门三下确认里面是否有人。

②如果门虚掩着，先行敲门礼，征得客人同意后再进门。

③如果房间的"请勿打扰"灯开启或门把手上挂有"请勿打扰"牌，不能敲门进房。过了午后两点，客房仍处于"请勿打扰"状态，可以打电话到房间，礼貌问候："您好，客房服务员，我可以进房做卫生吗？"客人同意后方可进入。

④进入房间后要说明来意,征得客人同意,方能做卫生,做房时,应开着房门,并用工作车挡住房门。

⑤清扫完毕,确认客人没有需求后,行告别礼,配以鞠躬,后退步转身离开,并轻轻带上房门。

(三)餐厅服务岗位礼仪

餐厅是饭店中主要的部门,餐厅是客人用膳的主要场所,是饭店重要的服务部门,同时,服务员直接对客人提供面对面的服务,服务员的服务形象是饭店餐饮文化的重要组成,餐饮服务质量直接体现了饭店的形象。餐厅服务礼仪主要包括:迎宾入座礼仪、点菜服务礼仪、餐间服务礼仪。餐厅服务员需要具备良好的职业形象、高度的敬业精神、主动的服务意识、精湛的服务技能和规范的服务礼仪。主要礼节包括:仪容仪表礼仪、仪态礼仪、迎候礼、目光礼、微笑礼、迎领礼、递接物礼等(见图7-12)。

图7-12 餐厅服务

1. 迎宾入座礼仪

(1)需掌握的礼节:

仪容仪表礼仪、仪态礼仪、迎候礼、迎领礼、指示礼、应答礼等。

(2)迎宾入座服务流程及礼仪规范:

①站姿礼仪、面带微笑、精神饱满、热情迎候。

②迎候礼仪,鞠躬行礼,热情问候:"您好,欢迎光临!""请问您有预订吗?"并确认相关信息。

③引领礼,带领客人进入餐厅,走在客人左前方1~2步的距离,并不时提醒和招呼客人。

④指示礼,尽量根据客人的需要选择适当的位置,并确认:"这个位置您还满意吗?"

⑤确认核实的位置后,帮助宾客入座,主动为客人拉椅让座,遵循先主宾后主人、先女宾后男宾、先年长后年轻的原则。

⑥客人入座后,送上毛巾和茶水。

2. 餐间服务礼仪

(1)需掌握的礼节:

仪容仪表礼仪、仪态礼仪、递物礼仪、斟酒礼仪、上菜礼仪、应答礼仪等。

（2）餐间服务流程及礼仪规范：

①取出餐巾放在客人的腿部或压在骨碟下。

②斟酒礼仪：当着客人的面开启瓶盖，从客人右侧斟酒，斟酒顺序先主宾后主人，按照顺时针方向进行。并且斟酒遵循白酒—红酒—啤酒—饮料的顺序。

③上菜礼仪：上菜位置在陪坐之间，并在客人的右侧。将新菜转到主人和主宾之间，上菜结束后，后退一步，并报上菜名。菜上齐后告诉客人以示尊重。

④派菜时，站在宾客左侧，遵循先客人后主人、先女宾后男宾原则，并从主宾开始顺时针顺序派菜。

⑤撤盘礼仪：征得客人同意，按照逆时针方向进行，从客人左侧用左手将盘子撤下，并做到轻拿轻放，动作优雅利索。

二、旅游服务主要岗位礼仪

（一）导游员接送团礼仪

导游负责按照旅游合同或约定的内容和标准向游客提供向导、讲解及旅途生活照料等旅游接待服务。其主要工作内容为引导游客感受山水之美，解决旅途中可能出现的突发事件，并给予游客食、住、行、游、购、娱等方面的帮助。导游服务礼仪，就是指所有的导游人员在导游职业活动中应遵循的行为准则和礼仪规范。导游人员必须具备良好的职业道德、职业态度、职业纪律、职业技能、礼仪素养。主要礼节包括：仪容仪表礼仪、仪态礼仪、日常通用礼仪、沟通礼仪等。这里主要讲导游接送团礼仪。

（1）应掌握的礼节：

仪容仪表礼仪、仪态礼仪、介绍礼仪、应答礼仪等。

（2）导游接送团服务流程及礼仪规范：

①仪容仪表礼仪，应做到整洁端庄，左胸应佩戴导游证和旅行社的徽章或胸牌；工作时不能戴墨镜。

②仪态举止应当合乎规范，令人感到亲切和可信。

③游客到达，应主动热情迎上前去，寒暄问候；协助游客提拿行李，办理手续。

④引导游客上下车，站在车门前迎候，对上下车不方便的客人应主动帮助。

⑤上车后清点人数。清点游客人数时，用默数法或者手心朝上指示客人清点，切忌用手指清点人头。车子发动时提示客人坐稳，然后微笑热情地致欢迎词和做首次沿途导游，讲解时忌用命令式口吻，忌用不恰当的手势。

⑥游客询问时要耐心听取、及时解答；游客对导游员的工作提出意见或要求时，应做到认真倾听，耐心解释，以理服人，尽量满足游客的合理要求。与游

客交谈时，态度应热情庄重，表情应自然大方，目光应诚实坦率，话语应文雅得体。

⑦游览活动结束送团时，要提醒游客带好证件及贵重物品。礼貌致欢送词，感谢游客的合作，礼貌道别，请其提出宝贵意见，并欢迎再次光临。

⑧其他：不主动去和游客握手，但是如果游客伸手欲握，不得拒绝与其握手；协助客人拿行李一般只帮助提大行李，手提包则不必；不要随意去游客的房间，特别尽量不要单独去异性客人的房间；如情况确实需要，进房门后要半掩门；尊重不同国家、地区和少数民族游客的宗教信仰、民俗风情，注意他们的习惯和禁忌。

（二）旅行社门市接待礼仪

旅行社是旅游活动的组织者、安排者和联系者，是整个旅游活动的主导力量。旅行社门市是旅行社商务接待活动的重要组成部分，展示企业形象和可信度，开启业务合作的起点。旅行社门市服务岗位服务人员必须具备良好的服务形象、服务态度、沟通能力、礼仪素养以及耐心、细致、沉稳的工作风格。主要礼节包括：仪容仪表礼仪、仪态礼仪、电话礼仪、介绍礼仪、递接礼仪、沟通礼仪等。

图7-13　门市接待

（1）应掌握的礼节：

仪容仪表礼仪、仪态礼仪、电话礼仪、介绍礼仪、递接礼仪、沟通礼仪等。

（2）旅行社门市服务流程及礼仪规范：

①仪容仪表礼仪：在岗位上必须按规定着装，佩戴胸牌。注意个人卫生，保持仪表仪容整洁端庄。

②电话礼仪：电话铃响，立即接听，不要让铃响超过三遍；使用礼貌谦和的语言对客交流；对客人的咨询要耐心解答；挂电话前要说感谢或欢迎的话。

③迎候、递物礼仪：对前来造访者，应礼貌问候，并献上茶水表示欢迎。

④表情礼仪：与客人交谈时，遵循目光礼仪规范，时刻保持微笑服务。

⑤客人随意浏览旅游宣传品时，销售人员应保持观察，揣摩其需要和特点，寻找接近的时机和方式。对客人提出的涉及旅游和机票等问题，必须立即做出正确回答，并伴以介绍和报价，直至帮助客人挑选旅游产品。

⑥客人付款时，现钞要当面点清；收款后将机票、找头、身份证件等递交给客人清点，并当面向客人交代清楚；对客人提出的需求，须从帮助的角度答复对

方，并伴有行动上的表示。

⑦与客人道别时，应起立并致谢和祝福。

⑧接待客人注意文明礼貌，做到不敷衍、不推诿、不顶撞、不争吵。

⑨接到客人投诉时，应该耐心倾听，并详细记录下客人的要求，告诉客人会尽快与有关部门联系解决。事后及时把投诉处理结果告诉客人，要以真诚的态度赢得客人的信任。

案例分析

日本人讲礼貌，行鞠躬礼是司空见惯的，可是我国某留学生在日本期间看到的一次日本人鞠躬礼却在脑海中留下了深深的印象。

一天，这位留学生来到了日航大阪饭店的前厅。那时，正是日本国内旅游旺季，大厅里宾客进进出出，络绎不绝。一位手提皮箱的客人走进大厅，行李员立即微笑地迎上前去，鞠躬问候，并跟在客人身后询问客人是否需要代提皮箱。这位客人也许有急事吧，嘴里说了声："不用，谢谢。"头也没回径直朝电梯走去，那位行李员朝着他匆匆离去的背影深深地鞠了一躬，嘴里还不断地说："欢迎，欢迎！"这位留学生看到这情景困惑不解，便问身旁的日本经理："当面给客人鞠躬是为了礼貌服务，可那位行李员朝客人的后背深鞠躬又是为什么呢？""既是为了这位客人，也是为了其他客人。"经理说，"如果此时那位客人突然回头，他会对我们的热情欢迎留下印象。同时，这也是给大堂里的其他客人看的，他们会想，当我转过身去，饭店的员工肯定对我一样礼貌。"

请你就这位行李员背后鞠躬行礼谈谈你的看法。并说出这个鞠躬礼的效应。

角色练习

"前厅部电话预订"礼仪实训范本

1. 前厅电话预订服务流程及礼仪规范

（1）接听电话：在电话铃声响起3声内拿起电话，自报家门。

（2）了解需求：确认宾客姓名、计划到达饭店的日期、人数、性别、房间种类、预计离店时间等。如宾客不熟悉饭店客房种类，需及时向顾客介绍。

（3）确认信息：重复宾客的预订信息，与宾客进行信息确认。

（4）查询排房：立即查询预订控制簿或预订报表，按照实际房况和宾客愿望为其排房，及时与宾客进行协调。

温馨提醒：

①在宾客满意的情况下，如果离抵店日期很近，礼貌地询问宾客是否需要到机场迎接。

②委婉地告诉宾客，饭店的规定是保留房间到下午6点。

③如果宾客需要确保预订，再详细介绍饭店有关保证预订的规定。

④留下宾客联系方式，如电话号码、E-mail、通信地址等，以便与宾客联系。

（5）用心致谢：向宾客表示感谢，并表示将恭候他们的光临。

（6）整理归档：结束电话交谈后，立即按规定将预订信息输入电脑，将预订单整理归档。

2. 实训脚本

会话：早上好/下午好。杭州洲际大酒店预订处。

会话：请问，先生，您的姓名？您准备何时抵达饭店？您一行几人？何时离开饭店？您喜欢住什么样的房间？

会话：谢谢您，张先生。

会话：饭店有双人间、单人间、套间，您需要哪种房间，张先生？

会话：张先生，您计划十月一日抵店，一行三人，您喜欢江景房套间，准备十月六日离店，在饭店住五天，对吗？

会话：您喜欢的江景房套间每间房价是798元，您看怎样，张先生？

会话：请问张先生，能否告诉我您抵杭的时间？是否需要我们到机场迎接？

会话：张先生，您预订的江景房我们保留到十月一日下午六点，希望您能在六点之前到达。

会话：张先生，洲际大酒店有保证预订业务，您若预付30%的房间费用，我们可保留房间直到您抵店。

会话：张先生，请留下你的电话号码以便我们与您联系。

会话：张先生，非常感谢您对我们饭店的关照，有机会为您服务我们感到非常荣幸，我们将恭候您的光临。

3. 操作要点及注意事项

★注意与宾客交谈时使用"先生"或"小姐"的称呼，这样会使宾客感到亲切热情。

★如果是外国宾客，应注意使用"Sir/Madam"的称呼与宾客交谈。

★一旦得知宾客的姓名后，立即称呼外国宾客的姓，会令宾客感到格外热情友好。

★因为不是面对面与宾客交谈，所以应该特别注意运用声音技巧传递微笑与热情。

★询问宾客问题并得到宾客的答复后，一定注意要对此表示感谢。

4. 前厅部电话预订登记表设计

先生/女士		人数	
先生/女士		房间类型及房间号	
抵店时间		房价（单价）	元/天
离店时间		合计房价（总价）	元
联系方式手机/Email		特殊要求	

5. 前厅部电话预订礼仪实训考核标准

项目名称	评分细则	分值	得分
仪容礼仪	干净、整洁、化适当淡妆，气质高雅	5	
仪表礼仪	着前厅总台接待服务员工作服，端庄、得体。具备良好职业形象	5	
站姿礼仪	头正、颈直、沉肩、挺胸、拔背、立腰、提臀、收腹、并腿、精神焕发；男、女都采用前腹式手位；小八字站立	5	
表情礼仪	目光柔和、专注；真诚微笑，富有感染力	5	
电话手势	良好电话手势，及时拿起电话、轻拿轻放，动作利索，做好记录	5	
礼貌用语	用好礼貌用语，称呼恰当，恰当地使用问候语、感谢语、征询语、道歉语、告别语等	5	
语音语调	音量恰当、吐字清晰、态度热情、语速适中、语调柔和	5	
电话流程	预订程序规范，服务主动、热情、周到，给宾客留下良好印象	5	
合计总分（40分）			

任务评价表

序号	任务内容	任务要求	自我评价	备注
1	旅游服务	了解旅游服务和旅游业的内涵		
2	前厅服务岗位礼仪	①了解前厅服务岗位礼仪的主要内容；②掌握行李员服务和电话预订服务的基本礼节、服务流程、礼仪规范		
3	客房服务岗位礼仪	①了解客房服务岗位礼仪的主要内容；②掌握迎送客服务和进房清扫服务基本礼节、服务流程、礼仪规范		
4	餐厅服务岗位礼仪	①了解餐厅服务岗位礼仪的主要内容；②掌握迎宾领位服务和餐间服务基本礼节、服务流程、礼仪规范		
5	导游员接送团礼仪	①了解旅游服务岗位礼仪的主要内容；②掌握导游接送团服务基本礼节、服务流程、礼仪规范		
6	旅行社门市接待礼仪	掌握旅行社门市服务基本礼节、服务流程、礼仪规范		
7	结合自身	结合自身实际情况，制订训练计划并有效落实		

项目关键词

通用礼仪　旅游服务　岗位礼仪

课后练习

1. 设计服务场景，进行迎候礼仪的练习。
2. 说出介绍礼的类型及基本原则，结合服务情境，进行介绍礼的练习。
3. 设计场景，结合握手语，进行握手礼的练习。
4. 说出拨打电话礼仪和接听电话礼仪的步骤，结合服务情境进行练习。
5. 设计场景，进行递接礼仪的练习。

6. 整理出旅游服务通用礼仪的评分方案，对照方案练习评价。
7. 结合前厅服务岗位，进行行李员服务和电话预订服务礼仪的练习。
8. 结合客房服务岗位，进行迎送客服务礼仪和进房清扫服务礼仪的练习。
9. 结合餐厅服务岗位，进行迎宾领位服务礼仪和餐间服务礼仪的练习。
10. 结合导游服务岗位，进行导游接送团服务礼仪的练习。
11. 结合旅行社门市岗位，进行旅行社门市服务礼仪的练习。

项目八　涉外礼仪

项目概览

21世纪是一个全新的世纪，国际合作和交流空前发展，国家之间的交往日益密切和深入，涉外礼仪更是旅游从业人员必须掌握的内容和技艺。本项目主要通过分析对照、案例实训、实践操作等方法进行学习，要求学生熟知涉外礼仪的基础知识和特点，掌握涉外接待活动的服务礼仪规范，用以指导涉外旅游服务活动，提高旅游服务人员从业水平。

学习目标

（1）学习涉外礼仪的概念，了解东西方礼仪的差异，熟知涉外礼仪通则；学习国际接待活动主要内容和服务礼仪规范。

（2）学习涉外礼仪通则在涉外交往、服务中的应用；掌握国际商务接待活动礼仪服务规范。

（3）辩证看待东西方礼仪的差异，树立弘扬中国礼仪文化、引导文明旅游的信心，为提高国家声誉、提升国家形象做出自己应有的贡献。

任务一　涉外礼仪概述

任务描述

本任务要求学生了解涉外礼仪的概念，东西方礼仪差异根源与表现。熟知涉外礼仪通则，并结合涉外礼仪通则强化人际交往和服务应用，尽量减少和避免涉外服务中的差错。塑造国际化旅游服务专业形象，提高自身竞争力。

相关知识

礼仪是一种文化，有纵向的传承和横向的借鉴与融合。在世界全球化不断加快步伐，经济、文化高速碰撞融合的背景下，西方文化大量涌入中国，中国传统礼仪也不断受到西方礼仪文化的冲击。孔子说"君子和而不同"，意思是说，要承认"不同"，在"不同"的基础上形成"和"，即和谐、融合，才能使事物得以发展。在文化交流日益频繁的今天，要用"和而不同"的态度来对待中西文化交流，在承认和尊重不同文化的差异基础上吸收对方优秀的文化成果，更新自己的传统文化，亦即洋为中用、推陈出新，使自己的文化跟上时代，臻于世界先进的水平。

一、什么是涉外礼仪

涉外礼仪，是涉外交际礼仪的简称。即中国人在对外交际中，用以维护自身形象、对交往对象表示尊敬与友好的约定俗成的习惯做法。涉外礼仪是在长期的国际往来中，逐步形成的外事礼仪规范，也就是人们参与国际交往所要遵守的惯例，是约定俗成的做法。涉外礼仪的本质是一种行为规范和准则。这种运用于国际交往中的行为规范和准则称之为国际惯例，它强调交往中的规范性、对象性、技巧性。

二、东西方礼仪差异的根源

礼仪是一个民族在特定的历史条件和地理环境中发展和承袭下来的礼节文明规范，是一种文化形态的象征和体现。中西方文化在称谓与称呼、见面、宴客、女士优先等很多方面表现出不同的礼仪形态。

不同民族的思维方式和价值观念差异是中西礼仪差异的文化根源。用"和而不同"的态度来对待中西礼仪文化差异，承认和尊重差异，探寻礼仪文化的互通性，有助于增强对文化差异的敏感性和对他国文化的适应力，从而提高交际效率。中西方文化环境和宗教信仰的不同，使得各国的人民有着很多不同的道德标准体系和价值观。礼仪是与本土的思想文化相对应的，由于形成礼仪的重要根源，即宗教信仰的不同，使得世界上信仰不同宗教的人们遵守着各不相同的礼仪规范。

（一）交往观念的差异

西方文化都非常重视人际交往，但在交往的观念、交往的方式上有着明显的差别。中国人热情好客，对于朋友往往无所保留，对于了解有关年龄、职业、收入、婚姻、子女等问题，都觉得理所当然。而在西方国家特别重视隐私权，他们一般不愿意干涉别人的隐私和私生活，也不愿被人干涉。如日常打招呼，中国人经常会用"吃了吗？""上哪呢？"这体现了人与人之间的一种亲切感。可对西方人来说，这种打招呼的方式会令对方感到突然、尴尬，甚至不快，因为西方人会把这种问话理解成为一种"盘问"，感到对方在询问他们的私生活。在西方，他们只说一声"Hello"或按时间来分，说声"早上好！""下午好！"等。又如在探望病人和病人告别时，中国人常说"多喝点开水""多穿点衣服""早点休息"之类的话，表示对病人的关怀。西方人则会觉得有指手画脚的嫌疑，他们一般用"多保重"或"希望你早日康复"等来表达。

（二）人生观的差异

在对价值观的认识上，对事情的正确认识东方人一般称为智慧，西方一般称为哲学。在认识方法上，东方人一般表现为求真，西方人表现为求实。所以价值观反映到生活中就会有很大的不同。东方以德为先，以理服人；而西方以法管理，以自由为先，以法限度。中国文化不主张炫耀个人荣誉，提倡谦虚谨慎。"谦虚使人进步，骄傲使人落后""功成而弗居"都体现了中国人的人生价值导向。西方人表现出崇拜个人奋斗，为个人取得的成就而自豪，从不掩饰自己的自信心、荣誉感以及在获得成就后的狂喜。中国文化的行为准则推崇一种无私奉献的高尚情操，即"我对他人、对社会是否有用"，个人的价值是在奉献中体现出来的；西方人自己对自己负责，不习惯关心他人、帮助他人，不过问他人的事情。因为接受帮助只能证明自己无能，主动帮助别人会被认为是干涉别人私事。但两者都会推崇普世价值观，如果能有机结合在一起，将对人类发展有重大推动作用。

（三）宗教色彩的差异

文化是一国的灵魂，宗教文化更是一国文化的重要组成部分。中国古代历史上历经两千多年的封建专制统治，没有一种宗教占据统治地位，中国的礼仪没有宗教色彩。基督教在西方一直是占统治地位的宗教。公元4世纪时，基督教就被罗马帝王定为国教，成为西方封建制度的精神支柱，因此西方礼仪具有浓厚的宗教色彩。如西方"女士优先"的礼仪就是受了基督教"以仰慕女性、崇拜女性为高尚情操"的影响。对基督教徒（天主教徒与东正教徒）来说，圣母玛丽亚有着尊贵贞洁的形象，受到了普遍的尊敬。基督教文明尊崇玛丽亚为圣母，对心爱的女性像上帝一样顶礼膜拜，即使西方国家处于封建专制社会的中世纪时期，骑士的传统也是以保护女性为己任。骑士都要选择一位贵妇人作为尊敬、爱慕、服从的偶像，学会一套讨好、效忠、保护女人的本领，不惜为她遭受苦难，献出生命，这种"骑士风度"对社会风尚产生了深远影响。

(四) 等级观念的差异

东方文化等级观念强烈，无论是在组织里，还是在家庭里，忽略等级、地位就是非礼。尽管传统礼制中等级制度已被消除，但等级观念至今仍对东方文化产生影响。尽管不具有强制性，但是等级观念仍普遍存在于东方社会中。在西方国家，除了英国等少数国家有着世袭贵族和森严的等级制度外，大多数西方国家都提倡平等观念。在美国人的家庭中不讲等级，只要彼此尊重，父母子女可直呼其名。

三、涉外礼仪通则

涉外礼仪通则是指人们在涉外交往时，应当共同遵守的有关国际交往的惯例和基本原则。涉外礼仪通则是对国际交往惯例的高度概括，对于国际社会交往具有普遍的指导意义。了解和掌握涉外礼仪通则，对于学好各国礼仪能够起到事半功倍的作用。

(一) 维护形象原则

在正式的外事场合，一定要遵守维护形象原则，这个形象包括政府形象和个人形象。维护政府形象就是每一名涉外人员都有责任和义务自觉维护政府的政策和政府的尊严；每一名涉外人员都不能发表与国家政策相悖的言论，不做与国家利益相悖的行为。个人形象，一般是指一个人在社会上所形成的公众印象，以及社会公众由此而对其产生的基本看法和做出的总体评价。要求接待人员在接待工作中认真维护个人形象。就具体而论，旅游服务人员维护个人形象时要做到：仪容美化修饰、服饰慎重选择、举止严谨规范、表情友善自然、谈吐礼貌周到、形象落落大方。

(二) 不卑不亢原则

国际交往中人与人、国家与国家之间应是平等的关系，中国人与外国人交往时不卑不亢，这也符合国际礼仪的重要原则。国际礼仪中的不卑不亢原则，最要紧的是保持人格平等，因为"卑"和"亢"都是置对方或置自身于不平等位置上的交往态度。"卑"有损自身人格甚至国格；"亢"则显得虚张声势，也有伤对方的自尊。不卑不亢原则要做到尊重自己，也要尊重他人。首先做到以自尊、自爱、自信为基础，乐观坦诚、落落大方。在任何情况下，充分展现中华民族自信、自强、自立的精神风貌。尊重他人，要做到平等待人、礼貌待人，发自内心地尊重他人，尊重对方的宗教信仰，尊重对方的生活习惯。

(三) 信守约定原则

所谓"信守约定"的原则，是指在一切正式的国际交往之中，都必须认真而严格地遵守自己的所有承诺。说话务必要算数，许诺一定要兑现，约会必须要如约而至。对于一切关乎时间的正式约定，尤其需要恪守不怠。遵守信守约定原则要做到：第一许诺要谨慎，许诺前要深思熟虑、量力而行、考虑周全。第二要认真遵守已经许下的承诺或做出的约定。承诺一旦做出，就必须兑现实行；约定一经做出，就必须如约而行。在不能信守约定时，要及时主动地加以说明；如因意外事件或不可抗拒因素而不能守约，必须尽快通报、如实说明、郑重致歉，甚至加以赔偿。

（四）尊重隐私原则

所谓个人隐私，在一般意义上是指某一个人出于个人尊严或者其他方面的特殊考虑，而不愿意对外公开、不希望外人了解的私人事宜或个人秘密。尊重个人隐私，在这里主要是指接待人员在与外宾进行各种接触时，一定要注意对外宾的个人隐私权予以尊重，不得无故涉及外宾的个人隐私问题。在接待工作中贯彻尊重外宾隐私的原则，主要是要求接待人员养成莫问隐私、保护隐私的习惯。在国际交往中，对于纯属个人隐私的话题，应自觉地有意识回避。如个人收支等属于可反映个人经济状况的问题，一概不宜提及。不直接询问对方私人生活方面的问题。避免议论对方的国家内政。不打听女士年龄。如涉及对方反感的问题，应表示歉意并立即转移话题。隐私包含内容见图8-1。

图 8-1　隐私包含的内容

（五）女士优先原则

"Lady First"（女士优先）是国际公认的一条重要的礼仪原则。在社交场合，是否遵循"女士优先"这条成规，是评价男士是否具有绅士风度的首要标准。女士优先是指在社交场合，女士在男士面前处于尊者地位、享受优先待遇。表面上看它是一种社交礼仪，实际上更多表达的是尊重妇女、照顾妇女、关心妇女、保护妇女、要为妇女排忧解难的精神。关于"女士优先"原则的运用，全球存在着明显的区域性差异。"女士优先"主要通行于西方发达国家、中东欧地区、拉丁美洲以及非洲部分地区。在这些国家和地区范围之内，不懂得"女士优先"的成年男性，在交际中必将四处碰壁。"女士优先"也并非不分场合。在公务场合，强调的是男女平等，性别差异并不为人们所看重，因此没必要煞有介事地讲究"女士优先"。而在休闲场合，"女士优先"讲究也可，不讲究亦可。

（六）谦虚适度原则

"谦虚使人进步，骄傲使人落后""满招损，谦受益"。在中国博大精深的文化里，谦虚是种美德。谦虚作为一种含蓄的智慧当然重要，但要有个度。一旦谦虚过了度，往往会适得其反。现代礼仪的"适度"原则即强调人与人之间的交流与沟通一定要把握适度性，面对不同场合、不同对象，应始终不卑不亢，落落大方，把握好一定的分寸。首先，在涉外交往中，每个中国人都应表现得谦虚谨慎、戒骄戒躁。既不妄自菲薄、抑己扬彼，也不应该高傲自大、盛气凌人。其次，自评不必过谦，是指在涉外交往过程中，涉及自我评价时，不必自我贬低、自轻自贱，要自信、坦诚相见，敢于并且善于充分肯定自己。

（七）以右为尊原则

是指在涉外交往中，在并排排列的位置上，应该以右为上位，左为下位；以右侧为尊，左侧为卑。国际会议时，主席台位次也按"以右为尊"原则排位。发言者所使用的讲台必须位于主席台的右前方。并排站立、行走或就座时，正确的做法是：客人居右、女士居右、长辈居右、已婚者居右、职位身份较高者居右。在接待外宾时，当主人前往外宾下榻之处进行拜会、送行或外宾举行答谢宴会时，外宾则"反客为主"，其排列顺序应随着主宾身份的改变而相应发生变化。

（八）热情有度原则

涉外交往中，迎宾待客要把握好热情、友好的具体分寸。对待外宾既要热情大方，又不能轻浮谄谀，否则就会事与愿违，过犹不及。涉外礼仪要把握四个"度"：关心适度、距离适度、批评适度、举止适度。

（九）入乡随俗原则

"入乡随俗"，是涉外礼仪的基本原则之一。它的含义是：在涉外交往之中，要真正做到尊重交往对象，首先就必须尊重对方所独有的风俗习惯。在前往其他国家或地区进行工作、学习、参观、访问、旅游的时候，尤其要对当地所特有的风俗习惯加以认真的了解和尊重。入乡随俗原则要做到：第一，注意入乡随俗，尊重对方习俗，要充分了解与交往对象相关的习俗，"入境而问禁，入乡而随俗"，知己知彼；在与外国人士交往中，既不盲目模仿、全盘照搬，也不少见多怪、妄加评论；在外事活动中，正确的态度是以无条件地尊重对方的习俗为原则。第二，注意入乡随俗、努力求同存异。求同存异是指在涉外交往中，争求大同存小异。在尊重个性的前提下，遵守惯例，使涉外交往减少摩擦、化繁为简、避免曲折，友好往来。求大同：在礼俗方面寻求彼此的共同点，并以此为基础增进理解与友谊，开展交往与沟通。存小异：在涉外交往中，对于中外双方在礼仪、习俗等方面存在的差异予以承认，并且表示尊重。

案例分析1

有一次，英国王室为了招待印度当地居民的首领，在伦敦举行晚宴。其时还是"皇太子"的爱德华八世，作为温莎公爵主持这次宴会。

宴会上，达官贵人们觥筹交错，相娱甚欢，气氛融洽。可就在宴会结束时，出了这么一件事。侍者为每一位客人端来了洗手盘，印度客人们看到那精巧的银制器皿里盛满了亮晶晶的水，以为是喝的水呢，就端起来一饮而尽。作陪的英国贵族目瞪口呆，不知如何是好，大家纷纷把目光投向主持人。

只见温莎公爵神色自若，一边与客人谈笑风生，一边也端起自己面前的洗手水，像客人那样"自然而得体"地一饮而尽。接着，大家也纷纷效仿，本来要出现的难堪与尴尬顷刻释然，宴会取得了预期的成功。

读完故事，互相讨论，请你说说，温莎公爵是一个怎样的人？如果温莎公爵在盆里洗手或者纠正印度客人的错误，结果会怎么样？

案例分析2

一位来自中国的青年妇女在美国，身上穿着一件漂亮的服装。一位美国妇女对她说"你这件衣服真雅致，颜色美极了。"这位中国妇女很高兴，但有些不好意思，就按中国习惯回答说："这是件普通的衣服，我在中国国内买的。"美国妇女不悦地走开了，中国那位青年妇女愕然无语……

一位中国学者刚到美国，到一所大学去参加招待会。女主人是他的老朋友。两个人正在谈话，女主人的一个美国朋友罗恩走过来。她对罗恩说："罗恩，我来介绍一下，这位是陈先生，他是杰出的物理学家，是一位很了不起的人。"陈先生同罗恩握握手，看看女主人，笑着说："没有，没有，您说的话叫我脸红……"罗恩和女主人愕然无语……

在这两个例子里，两位中国人的回答都可能被人误解。别人也许以为青年妇女的回答是说对方不识货，对一件普通衣服如此大惊小怪，可见美国妇女鉴赏能力有问题。那位姓陈的物理学家的回答，如果不是带着笑，别人可能认为他的意思是："你这么说，不过是表示客气，不是真心话。"第一例中被误认为说对方鉴赏能力差，第二例中被误认为说女主人言不由衷。二者都有责备赞扬者的意味，说话人的意图和所传达的信息之间有很大差距。

请你根据学过的知识来解析中国的青年妇女和中国学者"谦虚"的回答为什么惹外国朋友不悦。请你出谋划策指导这两位朋友,怎么回答比较合适。

视野拓展

绅士风度　谦谦君子

"绅士"源自古法语gentilzhom,专门用来指称"出身古老世系的人"。在传统英国社会中,绅士是权力集团的主要成员,是上流社会的集中代表,贵族血统被作为判别绅士的根本依据。早在亨利五世时期,绅士就必须佩戴盾形徽章用以证明血统,爱德华二世时期,全英国加起来总共有1300名贵族和骑士拥有盾徽,可见绅士头衔的稀有珍贵。到19世纪时,维多利亚女王统领的英国逐渐繁盛,绅士文化也逐渐成形。

传统发源于贵族,英国的绅士历经各阶层价值观的融合得以形成今日之绅士精神,成为一种社会风尚。真正的绅士,不仅是表面的礼貌和时尚得体的穿戴,更为重要的是个人品质和道德修养。绅士风度最大的特征就是得体、保守、谦逊、礼貌、沉默,它是对英国男性行为举止、文明礼貌、尊重女性等一系列行为规范的总称。绅士风度是西方国家公众,特别是英国男性公众所崇尚的基本礼仪规范。

尽管很多人声称英国的绅士文化走向衰落,但绅士风度仍是英国人为全世界所知晓的重要标志,英国的"绅士风度"得到了世人的认同和欣赏。

"情深不寿,强极则辱,谦谦君子,温润如玉。"金庸在《书剑恩仇录》中,借乾隆送陈家洛佩玉上之刻字,道出自己人生特别推崇的境界。

"温润如玉"这一短语多用于描述男子,形容其性格以及带给周围人的感觉。飞扬跳脱的个性不属于谦谦君子,因为,玉的光芒是敛于内而非形于外的。雍容自若的神采,豁达潇洒的风度,不露锋芒,不事张扬,无大悲大喜,无偏执激狂,正所谓"宠辱不惊,闲看庭前花开花落;去留无意,漫随天外云卷云舒。"而生命的状态在这里呈现出一种成熟的圆润。

温润用以形容玉石,言其质地细密,光泽柔和;用以形容人,指其个性温和,性情态度言语等不严厉不粗暴,使人感到亲切之意。

温润如玉以对珍贵美玉的触感表达对人物的赞美,修辞手法上使用了通感,该词表达的不止限于外在的形象之美,更多的是指人拥有内在的气质风度与修养内涵。

谦谦君子、温润如玉是对中国礼仪文化的最高推崇。

任务评价表

序号	任务内容	任务要求	自我评价	备注
1	涉外礼仪	熟知涉外礼仪的概念和内涵		
2	东西方礼仪差异	辩证分析、看待东西方礼仪差异的根源及表现，并尊重东西方礼仪的差异		
3	涉外礼仪通则	深刻领会涉外礼仪通则，掌握涉外礼仪通则在涉外交往及服务中的运用		

任务二　国际接待活动礼仪规范

任务描述

本任务要求学生通过对国际接待活动礼仪规范的学习，了解国际接待活动的流程，熟知国际接待活动服务程序及礼仪规范，掌握各项接待活动的服务礼仪技能，提高未来作为旅游从业人员的外宾接待服务能力。

相关知识

涉外礼仪这一重要的"名片"，对于外事活动的成功有着不可忽视的作用。接待外宾礼仪是人们在国际交往中必须遵守的，用于向外宾表示尊重和礼貌的行为规范。在接待外宾时，接待人员不仅要注意自身行为的规范，还要掌握一些基本的国际礼仪知识。涉外礼仪代表的是一个国家在国际上的形象和地位，在涉外公共场合的举止，不仅是一种私人行为，更会产生一定的对外影响。一个公司、企业、社会团体的代表在对外场合的言谈举止，不仅关系到本公司、本社团的形象，有时甚至会影响到国家的荣誉。

国际商务接待礼仪是从事国际商务活动的商务人员在商业接待活动中必须遵守的礼仪规范。懂得如何运用现代商务接待中的基本礼仪，不仅能反映出商务人员良好的自身素质，而且可以折射出其所在公司的企业文化水准和经营管理的格局。

国际商务接待礼仪主要包含以下内容：涉外迎送礼仪（迎候、介绍、握手、鲜花、乘车礼仪等）、会见会谈礼仪、合影礼仪、宴请礼仪、参观游览礼仪、馈赠礼仪等。

一、涉外迎送礼仪

迎来送往是国际商务活动中的两个重要环节。冈崎嘉平太曾是日本著名经济界人士和德高望重的社会活动家，生前曾任全日本航空公司总经理、日中备忘录贸易办事处代表等职，访华逾百次。冈崎对周恩来无比崇敬，他记得每次会见，周恩来都先到会见地点，在入口处迎候客人；会见结束又在出口处同大家握手告别；会谈间隙，周恩来总能将与会者依次认出，并就其专长亲切交谈。冈崎感慨道："这使我宛如看到了迎接久别亲人的情景，不由得热泪盈眶。"国际商务活动中的迎送致意礼仪最能直接地反映各国民族不同的文化传统和礼仪习俗。迎来送往，是社会交往接待活动中最基本的形式和重要环节，是表达主人情谊、体现礼貌素养的重要方面。尤其是迎接，是给客人良好第一印象的最重要工作，为下一步深入接触打下基础。迎接外宾要有周密的部署，做好以下环节，并注意相关事项。

（一）了解来宾国历史文化、风土人情、文化习俗

（二）确定迎送规格

通常确定迎送规格，主要依据来访者身份、访问的性质和目的、两国关系、国际惯例等。一般情况下，迎送宾客讲究规格对等，即主要迎送人员的职务、地位、身份与宾客大体相当。如遇特殊情况，可由职位相当者迎送，但应做出礼貌解释。

（三）迎候礼仪

1. 迎候

迎宾人员佩戴好身份胸卡，提前20分钟到达客人抵达车站、机场迎客地点，恭候客人的到来，决不能迟到让客人等候。

2. 介绍

接到客人后，应首先问候"一路辛苦了""欢迎您来到×××"等。然后向对方作自我介绍，如果有名片，可递与对方，注意递送名片的礼仪。礼宾人员或迎宾人员中身份最高者主动将迎宾人员的姓名、职务介绍给来宾。

3. 握手献花

根据礼仪规格，为高级贵宾安排献花仪式。一般在迎宾的主要领导与客人握手后，安排儿童或者年轻女士献上花束。

4. 乘车礼仪

在我国，宾主同乘一辆由专职司机驾驶的轿车时，车上座次尊卑顺序为：后排为上，前排为下，右侧为尊，左侧为卑。如一辆限乘5人的双排座轿车，除去司机以外，车上座位的尊卑顺序由高至低排列应是：后排右座，后排左座，后排中座，前排副驾驶座（见图8-2）。

（1）主人驾车　　　　　　　（2）乘坐出租车

图8-2　乘车礼仪

与他人一起乘车外出，上车时一般讲究"尊者先行"。一般应请女士、长辈、客人、职位高者先上车，并提供必要的照顾。

国际商务乘车接待中，乘坐小汽车时，依有无司机驾驶决定座次的安排。有司机驾驶的小汽车：驾驶盘在左，以后座右侧为首位，左侧次之；驾驶盘在右，以后座左侧为首位，右侧次之。(驾驶盘在左，各国均以后座右侧为首位；驾驶盘在右，各国标准则不一。如：日本则以后座右侧为尊。) 唯不论驾驶盘在左或在右，前座司机旁的座位均最小。依国际惯例，女宾不宜坐前座。主人亲自驾驶的小汽车：以前座为尊，主宾宜陪坐于前。

二、会见会谈礼仪

所谓会见，特指为了一定目的而进行的约会、见面。涉外会见分为三种。宾主身份相当的会见，称为会晤。凡身份高的人士会见身份低的，或者主人会见客人，称为接见或召见。凡身份低的人士会见身份高的，或者客人会见主人，称为拜见或拜会。拜见君主，又称为谒见、觐见。

会谈特指双方或多方就某些重大政治、经济、文化、军事及其他共同关心的问题交换意见。

会见的性质有礼节性、政治性、事务性会见或兼而有之。会谈的内容较为正式,政治性、专业性较强。

(一)会见、会谈座次礼仪

1. 会见座次礼仪(见图8-3)

会见通常安排在会客室,会见的座位安排有多种形式,有宾主各坐一方的,有宾主穿插坐在一起的。通常安排原则为:主宾、主人席位安排在面对正门位置,客人在主人的右侧,其他客人按照礼宾顺序在主宾一侧就座,主方陪同在主人一侧按照身份高低就座,译员、记录员通常安排在主宾和主人的后面。

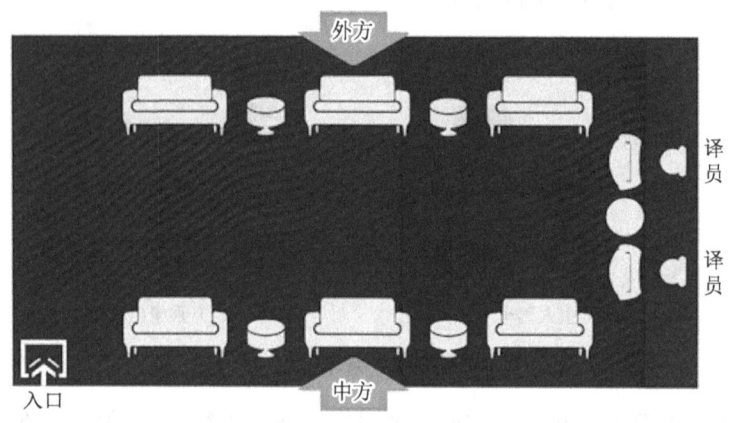

图8-3 会见座次礼仪

2. 会谈座次礼仪(见图8-4)

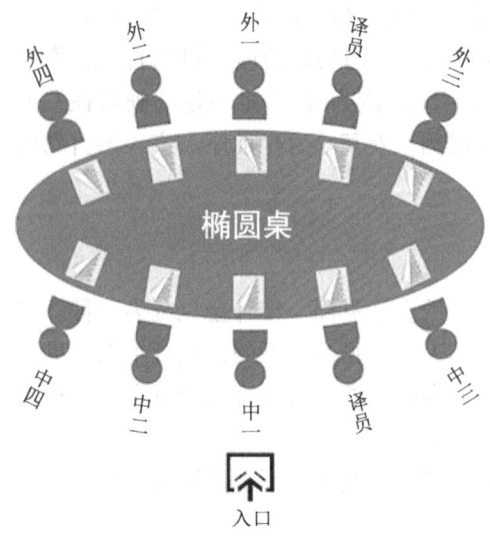

图8-4 会谈座次礼仪

会谈座位安排:会谈分为双边会谈与多边会谈。双边会谈通常用长方形或椭圆形桌子,多边会谈采用圆形或摆成方形。不论什么形式,均以面对正门为上座。

会谈通常用长方形、椭圆形或圆形桌子,宾主相对而坐,以正门为准,主人占背门一侧,客人面向正门。主谈人居中。我国习惯把译员安排在主谈人右侧,但有的国家亦让译员坐在后面,一般应尊重主人的安排。其他人按礼宾顺序左右排列。记录员可安排在后面,如参加会谈人数少,也可安排在会谈桌就座。

（二）会见和会谈的注意事项

（1）提出会见要求，应将要求会见人的姓名、职务以及会见什么人、会见的目的告知对方。接见一方应尽早给予回复，约妥时间，如因故不能接见，应婉言解释。

（2）作为接见一方的安排者，应主动将会见（会谈）时间、地点，主方出席人，具体安排及有关注意事项通知对方。作为前往会见一方的安排者，则应主动了解上述情况，并通知有关的出席人员。

（3）准确掌握会见、会谈的时间、地点和双方参加人员的名单，及早通知有关人员和有关单位作好必要安排。主人应提前到达。

（4）会见、会谈场所应安排足够的座位。如双方人数较多，厅室面积大，主谈人说话声音低，宜安装扩音器。会谈如用长桌，事先排好座位图，现场放置中外文座位卡，卡片上的字体应工整清晰。

三、合影礼仪

在接待工作中，拍照是一项非常常见的活动形式。一次较为正式的会面，宾主双方往往需要合影留念。通过合影，双方进一步加深了感情，能够更好地记住对方，也为双方的交往留下了正式的凭据和美好的回忆。在正规的接待活动中，无论是接待单位，还是被接待的来访人员，无一不对合影相当重视。正是因为合影在接待双方的交往中能够起到"催化剂"的作用，可以巩固宾主双方的友谊，所以接待人员要重视拍照礼仪，讲究拍照礼仪。

事先排好合影图，人数众多应准备架子。合影图一般由主人居中，按礼宾次序，以主人右手为上，主客双方间隔排列。第一排人员既要考虑人员身份，也要考虑场地大小，即能否都摄入镜头，一般来说，两端均由主方人员把边，边上再增加两个主方人员（见图8-5）。

图 8-5　照相合影位次

四、宴请礼仪

宴请是为了表示欢迎、答谢、祝贺、喜庆等举行的餐饮活动，是人际社交以及国际交往中最常见的交际活动形式。宴请的形式多样，礼仪繁多，掌握其礼仪规范是十分重要的。

（一）国际通用的宴请形式

1. 宴会

宴会是指一种比较隆重、正式的设宴招待，按其规格又有国宴、正式宴会、便宴和家宴之分。

（1）国宴。特指国家元首或政府首脑为国家庆典或为外国元首、政府首脑来访而举行的宴会。这种宴会规格高，庄严而又隆重。出席者的身份规格高，代表性强，宾主均按身份排位就座，礼仪严格。

（2）正式宴会。正式宴会通常是政府和团体等有关部门为欢迎应邀来访的宾客，或来访的宾客为答谢主人而举行的宴会。

（3）便宴。便宴多用于招待熟悉的宾朋好友，是一种非正式的宴会。适用于日常友好交往，常见的便宴按举办的目的不同而分，有迎送宴会、生日宴会、婚礼宴会等。

（4）家宴。顾名思义就是在家中设宴招待客人，以示亲切、友好。它在社交和商务活动中发挥着尊敬客人和促进人际交往的重要作用，西方人喜欢采取这种形式。家宴在形式上可分为家庭聚会、自助会、家庭冷餐会和在饭店宴请等几种。

2. 招待会

招待会是一种形式灵活、经济实惠的宴请形式。常见的招待会主要分为冷餐会、自助餐和酒会三种。

（1）冷餐会。冷餐会的特点是采取立餐形式，不排座位。菜肴以冷食为主，也可冷热兼备，连同餐具一同摆设在餐桌上，供客人自取。客人可以多次取食，站立进餐自由活动，方便彼此交谈。

（2）自助餐。自助餐和冷餐会形式上大致是相同的，只是现代自助餐餐食种类比较丰富，而且有比较多的热菜，甚至有厨师当场为客人煎炒。

（3）酒会。也称鸡尾酒会，显得更为活泼、方便。食品以酒水为主，略备小吃，不设座位，宾主皆可随意走动，自由交谈。这种形式比较灵活，便于广泛接触交谈。

3. 茶会

在西方一般有早茶、下午茶时间，即上午 10 时及下午 4 时左右，以请客人品茶为主。茶会通常设在客厅，设茶几座椅，略备点心小吃，不排席位，入座时有意识将主宾和主人安排坐在一起,其他人随意就座。茶会通常体现茶文化,如茶道等,因此对茶叶、茶具及递茶均有所规定。我国通常称为"茶话会"。

（二）宴会准备礼仪

宴请是一种社交性活动,是对宾客的一种礼遇,必须按规定礼节礼仪的要求进行准备。

1. 确定宴请对象、范围、规格

宴请的目的一般很明确,根据不同目的来决定宴请的对象和范围,即请哪些人,请多少人,并列出客人名单。宴请规格的确定一般应考虑出席者的最高身份、人数、目的、宾主情况等因素。

2. 确定宴请的时间、地点

宴请的时间和地点,应根据宴请的目的和宾主的情况而定。一般来说,宴请的时间安排以对宾主双方都较为合适为宜,通常安排在晚上 6~8 点。宴请的地点也应视交通、宴会规格和宾主的情况而定。

3. 邀请

邀请的形式有两种,一种是口头的,另一种是书面的。口头邀请就是当面或者通过电话把活动的目的、名义以及邀请的范围、时间、地点等告诉对方,然后等待对方答复,对方同意后再做活动安排。书面邀请也有两种方式,一种是比较普遍的发"请帖",另一种就是写"便函",后一种方式目前使用较少。

（三）席位礼仪

中餐宴会往往采用圆桌布置,通常 8~12 人为一桌。如果有两桌或两桌以上安排宴请时,应考虑到桌次、座次安排。排序遵循的原则为:面门为上,以远为上;居中为上,居右为上;临台为上,开阔为上。

1. 中餐宴席桌次排列

桌次分布:以主桌位置作为基准;同等距离,右高左低;同一方向,近高远低;主位位置,各桌同向（见图 8-6 和图 8-7）。

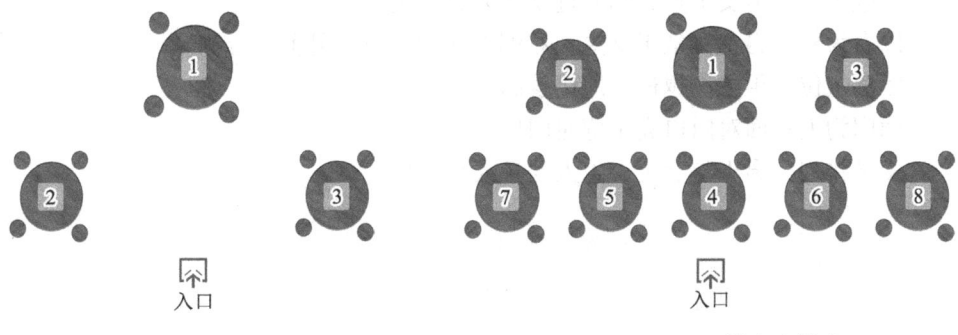

图 8-6　三桌排法　　　　　　图 8-7　两排多桌排法

2.中餐宴席座次排列

座次分布：面门居中位置为主位；主左宾右分两侧而坐，或宾主双方交错而坐；越近首席，位次越高；同等距离，右高左低。

中餐座次案例

情况一：一位主人宴请时主要是照顾好主宾。主人坐主位，主宾坐主位右手位置。其他的随员和宾客可以对面坐也可以交错坐（见图8-8）。

情况二：两位主人，第一主位为面门位置，第二主位为背对入口位置。1号、3号客人分别坐主位右手和左手位，2号、4号客人分别坐副主位右手和左手位。其他客人位置类推（见图8-9）。

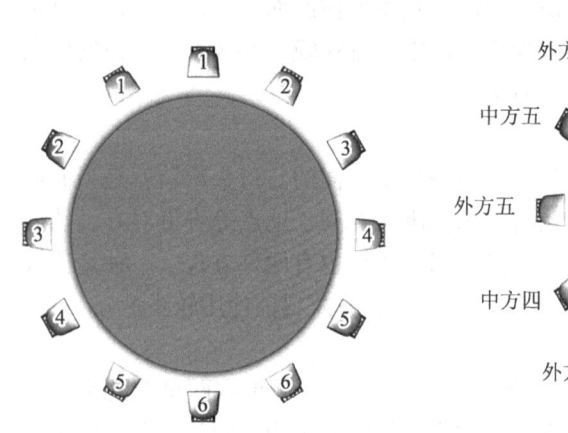
图8-8 中餐单主人座次

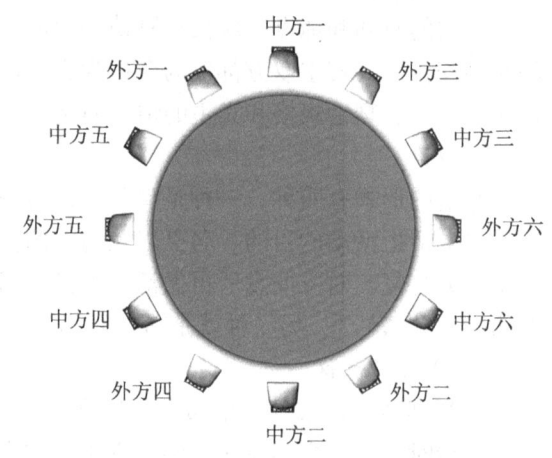
图8-9 中餐双主人座次

3.西餐座次安排（见图8-10）

女士优先：女主人坐在主位；男主人坐第二主位。

恭敬主宾：男女主宾分别靠近女主人和男主人。

以右为尊：男主宾坐于女主人右侧，女主宾坐于男主人右侧。

距离定位：距主位越近，地位越高。

面门为上：面对门口高于背对门口。

交叉排列：男士与女士、生人与熟人交叉坐。

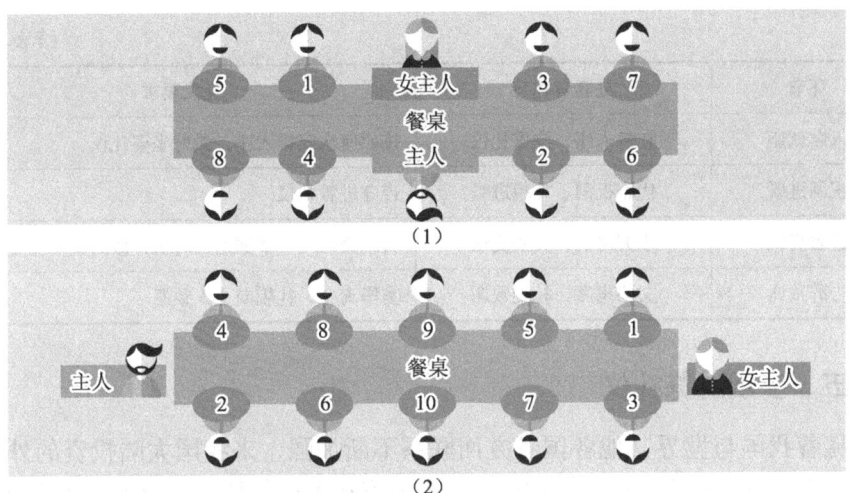

图 8-10　西餐座次示意图

4. 宴请者、服务者礼节

表 8-1　宴请者礼节

环节	宴请者礼节	礼仪要求
迎候宾客	鞠躬礼、问候礼	恭敬迎接、热情问候。帮助贵宾脱、挂外套和帽子
迎宾入席	迎领礼、入座礼	了解宴席座次安排，按照先主宾后来宾，先女宾后男宾顺序迎领入席
致辞祝酒	致辞礼、祝酒礼	致辞时停止一切活动、专心聆听
宴席开始	宴会服务礼仪	从男主人右侧的女宾或男主宾开始，从右向左顺时针服务，上菜在客人左侧
席间酒水	酒水服务礼仪	在客人右侧，顺时针方向斟酒
宴会结束	送客服务礼仪	将主宾位座椅稍往后移，方便离座，礼貌道别

5. 赴宴者的礼节

表 8-2　赴宴者礼节

环节	赴宴者礼节	礼仪要求
应邀准备	服饰准备、礼物准备	做好参加宴席相关准备工作
出席时间	精心修饰，准时赴宴	精心修饰自己，不迟到，不过早到
抵达现场	问候致意，赠送礼物	感谢邀请，礼貌赠送礼物

续表

环节	赴宴者礼节	礼仪要求
入席就座	礼貌入座，注重礼仪	按照座次安排入座，做好坐姿礼仪
祝酒进餐	优雅祝酒，礼貌进餐	遵守进餐礼仪
进餐交谈	掌握时机，文明交谈	餐间交谈时，掌握适当时机，做到文明礼貌
告辞致谢	文明离席，礼貌致谢	宴毕离席，礼貌向主人致谢

五、参观游览礼仪

随着我国与世界其他各国各方面联系不断加强，来我国大陆投资的外资企业、合资企业、独资企业不断增加。许多外宾在进行各种形式的国际经济合作之前，都要先参观一下合作伙伴的企业或公司，以便了解对方各方面的情况，为决策和合作做准备。

（一）参观游览项目的安排

1. 了解参观游览项目的目的和性质

一般游览活动都有相对的针对性，根据其目的和性质，安排有针对性的游览活动。

2. 了解来宾的意愿和兴趣

可事先通过各种途径了解来宾的要求和愿望，再予以适当安排。

3. 考虑活动安排的可行性

安排参观游览活动，应注重当地实际，做到力所能及、切实可行。

（二）在接待这类外宾时，一定要注意各种礼仪要求

（1）外宾到达时，接待单位应事先安排相应身份的人员出面陪同。

（2）安排解说员和导游员。

（3）参观项目可制成书面资料发给来宾。

（4）参观单位提供的材料、数字要准确，并注意保密。

（5）接待人员应对来宾可能提出的问题做充分准备。如果确实不了解或不清楚的，要加以解释。

（6）如果参观游览的来宾较多，可以分批介绍或用扩音设备。

（7）如有不允许摄影、录像的参观项目，应事先向来宾说明。

六、馈赠礼仪

礼尚往来也是国际上通行的社交活动形式之一，是向对方表达心意的物质表

现。在外事活动中，为了向对方表示恭贺、感谢或慰问，常常需要赠送礼物，以增进友谊与合作。但如何挑选适宜的礼品，往往是个让人头疼的问题。懂得送礼技巧，不仅能显得大方得体，还可增进彼此感情。

（一）送礼规则

与中国人送礼不同，外国人送礼有独特之处。以下是一些约定俗成的基本规则：

（1）外国人在送礼及收礼时，都很少有谦卑之词。中国人在送礼时习惯说"礼不好，请笑纳"，但外国人认为这有贬低之意；中国人习惯在受礼时说"受之有愧"等自谦语，而外国人认为这是无礼的行为，会使送礼者不愉快甚至难堪。

（2）当接受宾朋的礼品时，绝大多数国家的人是用双手接过礼品，并向对方致谢。

（3）礼品不必太贵重。太贵重的礼物送人不妥当，易引起"施以重礼，必有所求"的猜测。一般可送点纪念品、鲜花或给对方孩童买件称心的小玩具。

（4）送礼讲究外包装精美。

（5）送礼一定要公开大方。西方人大都喜欢在收到礼品后立即打开，并说感谢的话，以示对送礼人的尊重，你不用介意他是否真正喜欢。

（6）拒绝收礼一般是不允许的。若因故拒绝，态度应委婉而坚决。

（二）一些国家的馈赠礼仪

给美国人送礼：可"以玩代礼"，邀请对方共同游玩、娱乐就可算作送礼。当然也可送葡萄酒或烈性酒，高雅的名牌礼物他们也很喜欢，还可以送一些具有浓厚乡土气息或别致精巧的工艺品，以满足对方的猎奇心。送礼可选择在应酬前或结束时，不要在应酬中将礼物拿出来。

给英国人送礼：给英国人送礼要轻，可送些鲜花、小工艺品、巧克力或名酒。送礼一般在晚上。

给德国人送礼：德国人喜欢价格适中、典雅别致的礼物，包装一定要尽善尽美。

给法国人送礼：法国人最讨厌初次见面就送礼，一般可在第二次见面时才送，礼品常是几枝不加捆扎的鲜花。

给日本人送礼：送礼是日本人的一大喜好，他们比较注重牌子，喜欢名牌礼物和礼品包装，但不一定要贵重礼品。送礼通常以送对对方来说用途不大的物品为宜。送礼者不要在礼物上刻字作画以作留念，因为对方往往要将此礼品转送他人。

给韩国人送礼：韩国人喜欢本地出产的东西，故在送礼时只需备一份本国、本民族、本地区的特产即可。

给阿拉伯人送礼：阿拉伯人喜欢赠贵重物品，也喜欢得到贵重物品，喜欢名牌和多姿多彩的礼物，不喜欢纯实用的东西。初次见面时不能送礼给他们，不能送旧物品和酒。

其他如朝鲜人喜欢送花，斯里兰卡人喜欢赠茶，澳大利亚、新加坡人喜欢鲜花与美酒。一般外国人都喜欢中国的景泰蓝、刺绣品等。

角色练习

按照以下模板，制作一份国际商务活动接待礼仪实训计划书。

国际商务接待礼仪实训计划书

班　　级：＿＿＿＿＿＿　　　　实训参与者：＿＿＿＿＿＿

一、背景以及整体方案

前言：××××××××。现将接待计划整体安排注意事项整理如下：

1. 迎送安排：＿＿＿＿＿＿。

2. 住地安排：＿＿＿＿＿＿。

3. 就餐安排：＿＿＿＿＿＿。

4. 车辆安排：＿＿＿＿＿＿。

5. 会见安排：＿＿＿＿＿＿。

6. 宴请安排：＿＿＿＿＿＿。

7. 新闻报道：＿＿＿＿＿＿。

二、具体计划

（一）基本情况以及日常安排

掌握客人的基本情况：＿＿＿＿＿＿。

（二）迎接客人安排

1. 提前做好沟通：＿＿＿＿＿＿。

2. 确定迎送规格：＿＿＿＿＿＿。

3. 做好服务工作：＿＿＿＿＿＿。

4. 迎接过程中注意事项：

（三）商务会议的安排

1. 会谈的基本情况

（1）会谈人的姓名、职务、人数＿＿＿＿＿＿。

（2）会谈的目的＿＿＿＿＿＿。

（3）会谈的对象＿＿＿＿＿＿。

（4）会谈的性质＿＿＿＿＿＿。

2. 通知相关部门

（1）通知我方有关部门和人员做好会谈准备＿＿＿＿＿＿。

（2）确定会谈的时间、场地、座位＿＿＿＿＿。
（3）确定记录、翻译、摄影、新闻报道等相关人员＿＿＿＿＿。
3. 会谈程序
（1）我方人员先到会客室＿＿＿＿＿。
（2）工作人员在门口迎接客人，客人到达会议室，我方人员起身欢迎＿＿＿＿＿＿。
（3）合影，安排宾主握手后合影入座＿＿＿＿＿。
（4）在正式会谈前安排记者来访＿＿＿＿＿。
（5）会议结束以后，将客人送到车前或门口目送客人＿＿＿＿＿。
4. 注意事项
（四）欢迎宴会的安排
1. 菜式选择如下＿＿＿＿＿。
2.（1）宴请酒店安排：
（2）菜单安排：
（3）人数安排：
（五）参观娱乐的安排
1. ＿＿＿＿＿。
2. ＿＿＿＿＿。
（六）赠礼的安排
1. 礼品选择＿＿＿＿＿。
2. 馈赠礼节＿＿＿＿＿。
（七）送别
1. 办理手续
2. 话别
3. 机场送别

任务评价表

序号	任务内容	任务要求	自我评价	备注
1	国际商务接待礼仪	了解国际商务接待礼仪的概念，梳理国际商务接待活动的主要内容及基本流程		
2	涉外迎送礼仪	熟知涉外迎送礼仪的流程和主要内容。掌握涉外迎候、介绍、献花、乘车礼仪		

续表

序号	任务内容	任务要求	自我评价	备注
3	会见会谈礼仪	了解并区分什么是会见和会谈、掌握会见会谈座次礼仪		
4	合影礼仪	了解合影礼仪的座次安排		
5	宴会礼仪	了解宴会的类型，掌握中西餐宴会的座次安排及礼仪规范		
6	参观游览礼仪	了解参观游览接待服务的要求		
7	馈赠礼仪	了解馈赠礼仪的注意事项以及部分国家的馈赠礼仪		
8	制订计划	学会制订国际商务接待礼仪服务的计划书		

项目关键词

涉外礼仪　国际接待活动

 课后练习

1. 简述涉外礼仪的概念和内涵。
2. 说出东西方礼仪差异的根源及表现。
3. 涉外礼仪通则有哪些？
4. 什么是国际商务接待礼仪？
5. 简述国际商务接待礼仪的流程。
6. 简述乘车礼仪、会见礼仪、会谈礼仪、合影礼仪、中餐礼仪、西餐礼仪的座次安排并绘制座次图。
7. 制定国际商务接待礼仪计划书。

主要参考文献

[1] 杨斌.形体训练纲论[M].北京：北京体育大学出版社，2001.

[2] 张玉萍.古典芭蕾基础教学法[M].上海：上海音乐出版社，2014.

[3] 姚明焰.形体与太极[M].北京：北京师范大学出版社，2014.

[4] 丁庆，万刚.中国民间舞蹈创编技巧与形体训练研究[M].北京：中国书籍出版社，2013.

[5] 王伟.中国古典舞基本功训练教程[M].北京：高等教育出版社，2009.

[6] 张玲.形体礼仪[M].武汉：华中科技大学出版社，2010.

[7] 马少莲.形体美与形体美的塑造[M].济南：山东大学出版社，2010.

[8] 张美江.形体美训练教程[M].上海：华东师范大学出版社，2009.

[9] 陈宝珠.形体训练与形象设计[M].北京：清华大学出版社，2013.

[10] 黄宽柔，姜桂萍.健美操体育舞蹈[M].北京：高等教育出版社，2006.

[11] 王晶，张岩松.形体训练与形象设计[M].北京：清华大学出版社，2011.

[12] 胡凌燕.形体训练基础[M].北京：高等教育出版社，2010.

[13] 艾扬格.瑜伽之光[M].北京：世纪图书出版公司，2006.

[14] 蓝梅.冥想[M].西安：陕西师范大学出版社，2009.

[15] 巴坦加里.瑜伽经[M].合肥：黄山书社，2008.

[16] 王琪.现代礼仪大全[M].北京：地震出版社，2005.

[17] 麻美英.现代服务礼仪[M].杭州：浙江人民出版社，2005.

[18] 谷玉芬.旅游服务礼仪实训教材[M].北京：旅游教育出版社，2009.

[19] 彭蝶飞，李荣.酒店服务礼仪[M].上海：上海交通大学出版社，2014.

[20] 杨富荣.服务礼仪[M].北京：高等教育出版社，2009.

[21] 盛美兰.民航服务礼仪[M].北京：中国民航出版社，2011.

[22] 胡碧芳，姜倩.旅游服务礼仪[M].北京：北京大学出版社，2008.

［23］任杰玉.酒店服务礼仪［M］.上海：华东师范大学出版社，2009.
［24］金正昆.服务礼仪［M］.北京：北京大学出版社，2006.
［25］金正昆.商务礼仪教程［M］.北京：中国人民大学出版社，2009.
［26］金正昆.社交礼仪教程［M］.北京：中国人民大学出版社，2005.
［27］金正昆.涉外礼仪教程［M］.北京：中国人民大学出版社，2005.
［28］杨静.形体礼仪实用教程［M］.北京：中国戏剧出版社，2013.
［29］谭小琴.职业人文素养［M］.北京：人民邮电出版社，2013.
［30］王舜良.高级旅游涉外礼仪［M］.长沙：湖南科学技术出版社，2005.
［31］李祝舜.旅游服务礼仪技能实训［M］.北京：机械工业出版社，2009.
［32］柴林.礼仪［M］.杭州：浙江科学技术出版社，2005.
［33］中华礼仪网 http：//www.zhonghualiyi.com.
［34］百度百科 http：//baike.baidu.com.